Der Autor

Ahriman Satyri heißt eigentlich Arman Tschangis Sahihi. Der in Frankfurt lebende Autor wurde 1956 in Teheran/Persien als Jude geboren und konvertierte vor einigen Jahren zum Buddhismus. Er wuchs in Teheran, London und Frankfurt auf, schloß sein Studium der Linguistik mit dem Magister Artium ab und ist Doktor der Literaturwissenschaft.

Seit 1975 veröffentlicht Arman Sahihi regelmäßig feuilletonistische Beiträge in diversen deutsch- und englischsprachigen Organen. Er ist fester Freier bei der «Frankfurter Allgemeinen Zeitung» und «Die Neue Ärztliche», bei «Interview», «Village Voice» und «The Very Latest». Zahlreiche Veröffentlichungen in einigen Dutzend Anthologien.

Belletristische und Fachpublikationen: Hirnblutungen (1981), Poetizid (1982), Panakustikum/Das Hörbuch (1983), Das Rock-Buch der Zitate (1984), Phantasma-Orgien (1984), Slogan-Rhetorik (1985), Das Buch Ekstasis (1986), Der Film: Der Name der Rose (1986), Kauf Mich! (1987), Brothers in Arms (1988), Die Groteske Figuration (1988), Die Designer Drogen/Die Pforten zum Hades (1989), EINSICHTEN – Das Lexikon persischer Traumsymbole (1989).

Ahriman Satyri

So sind die Frauen!

Das hilfreiche Buch
der Frauen-Typen

Mit Illustrationen von
Brian Bagnall

rororo

Rowohlt

rororo tomate
herausgegeben von Klaus Waller

Originalausgabe
Veröffentlicht im Rowohlt Taschenbuch Verlag GmbH,
Reinbek bei Hamburg, Januar 1990

Umschlaggestaltung Peter Wippermann / Jürgen Kaffer
Umschlagillustration Brian Bagnall
Bild des Autors (S. 2) © Ashkan Sahihi
Satz Life (Linotronic 500)
Gesamtherstellung Clausen & Bosse, Leck
Printed in Germany
680-ISBN 3 499 12633 8

Inhalt

Einleitung

Verehrter Leser!
(Eventuelle Leserinnen: Bitte, weiterblättern!)
Das Problem ist altbekannt: *Cherchez la femme!* Aber: Wo? Oder anders ausgedrückt: «Sag mir, wo die Frauen sind, wo sind sie geblieben?» Auch diese Fragen sind nicht neu. Neu ist jedoch, daß wir uns dem Problem ab sofort mit fundiertem Wissen nähern werden.

Bestimmt haben auch Sie sich schon unzählige Male gefragt, wo, verdammt noch mal, die richtig netten, lebenslustigen, unkomplizierten, sportlichen, intelligenten, gutaussehenden, stilvoll-erotischen, vor allem aber: an Ihnen interessierten Frauen denn alle geblieben sind. Möglicherweise kam dem einen oder anderen von Ihnen schon der Verdacht, diese könnten sich versteckt und alle Lebenszeichen systematisch vertuscht haben, oder aber, daß es sich hierbei gar um eine vom Aussterben bedrohte Art handeln könnte! Nun, diese Befürchtungen sind in unserer Zeit, in dieser Ära der Beziehungsmüllhalden, dieser Epoche psychologischer Umweltverschmutzung, des Abschmelzens der Pole (das Schreckenswort heißt ‹androgyn›!), des sich auf besorgniserregende Weise verschlechternden Klimas zwischen den Geschlechtern nicht ganz aus der (dicken) Luft gegriffen.

Aber: Keine Sorge! Es gibt sie schon noch, die gesuchten Traumfrauen! Nicht in beliebiger Menge zwar, das sei zugegeben, und auch sind sie nicht überall anzutreffen wie Mann sieht; doch demjenigen, der mit offenen Augen durch die Welt geht, der darüber hinaus die Zeichen (sowohl der Zeit als auch des zarten Geschlechts) zu deuten weiß, dem eröffnen sich ungeahnte Chancen, zu finden, was er schon immer gesucht hat: den

Traum für die schlaflosen Nächte, die Frau, mit der Mann sein Leben teilen möchte und von der Mann sich willig den Kopf waschen läßt.

Um Ihnen bei Ihren Erforschungen des weiblichen Teils der Natur nach Kräften und bestem Wissen behilflich zu sein, habe ich, auf der Basis jahrelanger Forschungsarbeit und unermüdlichen Recherchierens, dieses Büchlein für uns alle zusammengestellt – ein praktischer Führer durch Ihre Studien und ein Wegweiser im Gewirr der Lebenswege! Dabei habe ich mich, streng wissenschaftlich vorgehend, von folgenden Überlegungen leiten lassen: Zunächst muß man wissen, was man sucht, wonach man Ausschau hält. Das ist in diesem Fall sonnenklar: Das mehr mehr als weniger obskure Objekt Ihrer und meiner vereinten Bemühungen ist *die* Frau; eben: nicht irgendeine, sondern *sie*! Wenn das Bild vor Ihrem inneren Auge immer klarer wird, bis die Konturen fast greifbar scheinen, ist es Zeit für Schritt zwei: Die Wahl eines geeigneten Beobachtungsfeldes, auf und an dem Sie Ihren Blick schärfen können. Denn auch hier gilt: Mann sieht nur, was Mann weiß – und Übung macht den Meister! Wenn dann der Zeitpunkt gekommen ist, da Sie sich reif und sicher genug fühlen, in Ihren Forschungen, nach geschehener Beobachtung und mit geschärftem Blick, vom Allgemeinen zum Besonderen fortzuschreiten, wenn Sie sich also mit den äußerlichen Merkmalen, den Ernährungsgewohnheiten, bevorzugten Aufenthaltsorten und geheimen Vorlieben Ihres Beobachtungsgegenstandes vertraut gemacht haben, folgt – logisch – Schritt drei: das eingehende Studium am ausgewählten Objekt, wobei es an Ihnen liegt, ob Sie exemplarisch vorgehen und ausgedehnte Einzelfallstudien betreiben wollen oder ob Sie der Erforschung eines repräsentativen Querschnitts den Vorzug geben.

Die Handhabung dieses praxis-orientierten Studienführers ist denkbar einfach. Haben Sie schon einmal ein Schmetterlingsbestimmungsbuch durchgeblättert? Nein? Macht nichts! Ich habe jedenfalls meine Beobachtungen und Schlußfolgerungen, wann immer es ging und von Vorteil schien, in einer Art zusammengefügt, die auch dem Neuling auf diesem Gebiet eine schnelle Orientierung ermöglicht. (Natürlich ist hier nicht das Sammeln bunter Flatterlinge gemeint; die stehen ohnehin alle unter Naturschutz! Aber was ich meine, wissen Sie ja schon längst; das ist sozusagen unser aller riesengroßer gemeinsamer Nenner!)

Gegliedert ist dieses Büchlein also teilweise auch nach Fundorten, gewissermaßen nach den ökologischen Nischen, in denen sich unter günstigen Bedingungen eine erstaunliche Vielfalt von lohnenden Objekten erhalten hat. Ich beschreibe systematisch die Merkmale, auf die Sie achten sollten, gebe hierarchisch geordnete Hinweise auf besondere Eigenheiten und Verhaltensstrukturen, die zu kennen Ihnen und Ihren Zwecken äußerst dienlich sein dürfte – und hoffe insgesamt, Ihnen nicht nur die Wahl, sondern auch den Weg zum Ziel um ein Erkleckliches erleichtern zu können.

Fangen Sie mit Ihren Studien am besten gleich morgen früh an, wenn Sie Ihre Zeitung kaufen. Mit der Zeit werden Sie den notwendigen «Blick» für die Besonderheiten entwickeln und können Ihre Beobachtungen jederzeit und ganz unauffällig durchführen – an der Universität wie im Supermarkt, im Sportverein wie in der Disco.

Doch nun genug der Vorrede, schließlich wissen wir recht genau, worum es uns geht! Sie werden – so hoffe ich – finden, daß meine Handreichungen Ihre Untersuchungen auf diesem so spannenden Forschungsfeld beträchtlich vorantreiben können. Ich wünsche jedenfalls bestes Gelingen! Mögen Sie bald schon die Früchte Ihrer (Forschungs-)Arbeit genießen können.

In diesem Sinne grüßt bäuchlichst

Ihr
Ahriman Satyri
in einem der vielen
Jahre des Herrn!

Auf Pirschgang im Blätterwald: Die Zeitschriftenfrauen

Sie sehen schon an der Wortwahl: Wir meinen es ernst mit den Parallelen zwischen Naturbeobachtung und diesem unserem Vorhaben, das uns doch eher ins Dickicht der Städte führt!

Unser erstes Beobachtungsobjekt: die sogenannte Zeitschriftenfrau, manchmal auch verniedlichend Magazinmäuschen oder abschätzig Illustrierten-Gans genannt. (Die in der Literatur gelegentlich zu findende «Zeitungsente» allerdings zeugt von blanker Unkenntnis bei demjenigen, der dieses Wort in dem für uns interessanten Zusammenhang im Munde führt!)

Wir gehen von der bekannten «Zeig mir und ich sage Dir»-Methode aus, die in ihren Grundzügen jedem geläufig sein dürfte: Ein einziges, deutlich erkennbares Merkmal wird zur Grundlage einer umfassenden Charakteranalyse. In unserem Fall: «An ihrer Lieblingszeitschrift sollt ihr sie erkennen!» Mit unseren präzisen Beschreibungen fällt Ihnen das Einordnen des von Ihnen in Augenschein genommenen Exemplars der Gattung «Zeitschriftenfrau» denkbar leicht – und Sie wissen sofort, was da auf Sie zukommt...

Wir empfehlen folgende Vorgehensweise:

Sie beziehen Posten in einem gutsortierten Zeitschriftenladen; für unsere Zwecke ein geradezu ideales Terrain sind Zeitschriftenläden in Bahnhofsnähe, denn hier haben Sie oft das Glück, mehrere geeignete Objekte auf einmal (beim Warten auf Anschluß) in aller Ruhe beobachten zu können. Solche vergleichenden Studien schärfen und trainieren das Unterscheidungsvermögen ungemein. Richten Sie Ihre Aufmerksamkeit besonders auf die Kleinigkeiten, denn die sind oft von entscheidender Bedeutung. Auch wenn es Ihnen am Anfang so vorkommen mag, als seien diese Frauenblätter alle gleich. Hier gibt es feine und feinste Unterschiede im Erscheinungsbild wie auch in der Auswahl und der Art des Dargebotenen – und erst diese erkennen zu können, macht den wahren Experten aus. Und so einer wollen Sie doch werden, oder?

Doch nun weiter im Text: Ein sehr wichtiger Punkt ist die richtige Tarnung. Auch dem Laien leuchtet unmittelbar ein, daß Mann nicht im quietschroten Freizeit-Dress auf die Jagd gehen kann. Ähnliches gilt für das Beobachten von Zeitschriftenfrauen: auch im Blätterwald gibt es scheue Rehe.

Es hat sich, müssen Sie wissen, inzwischen herumgesprochen, daß den Herrschaften, die so auffällig-unauffällig hinter einer Zeitung hervorlugen, nicht zu trauen ist. Etwas diskreter darf's wahrlich schon sein! Am besten ist, Sie tun, als ob Sie etwas ganz Spezielles suchten: Das Monatsblatt der Vogelkundlichen Gesellschaft, das Mitteilungsorgan der Fleischerinnung oder die Kirchenzeitung für die Erzdiözese Köln etwa erlauben Ihnen, Ihren Blick eine ganze Weile im Laden umherschweifen zu lassen, ohne daß die ins Auge gefaßte Frau Verdacht schöpft und sich weiterer Beobachtung durch fluchtartiges Verlassen des Ladens einfach entzieht.

Nun aber sollten Sie mit ersten praktischen Übungen beginnen: Ein geeignetes Beobachtungsrevier, vorsichtiges, unauffälliges und vor allem umsichtiges Verhalten – und schon kann's losgehen!

Macht das Beste aus ihrem Typ:
Die Brigitte-Frau

Ihr Leib- und Magenblatt, *Brigitte*, kommt alle 14 Tage aus Hamburg und ist die am meisten verbreitete Frauenzeitschrift im Lande. Und entsprechend viele «Brigitte-Frauen» gibt es, quer durch alle Altersgruppen.

Aussehen

Was ihr Aussehen betrifft, fällt dem geübten Beobachter sofort das Bemühen ins Auge, eine für alle Lebenslagen passende Ausstattung zusammenzustellen. Es gilt, unterschiedlichste Anforderungen an die Garderobe ‹unter einen Hut zu bringen›; dieser ist übrigens, je nach Jahreszeit, vorzugsweise ein Herrenhut mit applizierter Seidenrose oder ein mit Gewächsen der Saison dekorierter Strohhut, alles immer fein Ton in Ton aufeinander abgestimmt.

Vereinbart werden sollen im Brigitte-Dress folgende Eigenschaften: Emanzipierte Eleganz, Karrieretauglichkeit ohne abschreckende Wirkung auf Chef und Mitarbeiter, symbolische und buchstäbliche Pflegeleichtigkeit, allgemeine wie auch besondere Wettertüchtigkeit und – vor allem – schnelle Anpassungsfähigkeit an verschiedene Anlässe. Um es an einem Beispiel zu demonstrieren: Ein Overall, der im Schnitt raffiniert einen zweiteiligen Hosenanzug nachahmt (eine moderne Karrierefrau steht ihren Mann...), aus einem weichfallenden Stoff (...ohne ihre Weiblichkeit zu verleugnen...), das ist mit Gummistiefeln und Regencape der richtige Outfit für den Weg ins Büro, der der Fitness und der Figur zuliebe auf dem Fahrrad zurückgelegt wird. Mit einem Paar halbhoher Pumps, passendem Gürtel und dezentem Make-up ist frau für den Arbeitstag passend gewandet (...und praktisch ist es auch, weil keine Bluse unvorteilhaft aus dem Hosenbund zipfeln kann). Schließt sich ans Büro nahtlos eine abendliche Verabredung an, genügt es, die Pumps gegen ein Paar, sagen wir, roter Stilettos auszutauschen, den Blick mit etwas Kajalstift dramatisch zu umfloren und bei der Wahl des Lippenstifts auf eine dem Anlaß angepaßte Röte zurückzugreifen. Vielleicht noch die Seidenrose vom Hut an den Ausschnitt (der am Abend durch Öffnen zweier Knöpfe zum Dekolleté wird) – und schon steht einem Treffen mit wem auch immer nichts mehr im Wege.

Ein wichtiges Requisit – der aufmerksame Leser ahnt es schon – muß allerdings immer mitgeschleppt werden: Eine außerordentlich geräumige Handtasche (ein Korb, eine überdimensionale Jagdtasche mit vielen praktischen Fächern, Ösen und

Karabinerhaken, ein farbenfroher Rucksack...) ist ein fast untrüglicher Hinweis auf eine Brigitte-Frau. Denn irgendwo müssen die Schuhe zum Wechseln ja verstaut werden und all jene notwendigen Accessoires, mit denen frau sich für alle Fälle ausstatten kann.

Auch die Frisur ist meist praktisch und von der wandelbaren Sorte. Und sie lenkt, je nach anatomisch-physiognomischen Gegebenheiten, den Blick von vermeintlichen körperlichen Mängeln ab, frei nach dem Motto: ‹Betone deinen Hinterkopf, wenn du eine Hakennase hast.› Der Freizeit-Look der Brigitte-Frau trägt besonders der Tatsache Rechnung, daß Sport fester Bestandteil ihres Lebensstils ist – oder daß sie einfach weiß, wie wichtig ein gesunder, vitaler, durchtrainierter Eindruck ist. Ein modisch aufgepeppter Jogging-Anzug gehört zur Basis-Garderobe einer jeden Brigitte-Frau. Und auch hier gibt es Gelegenheit, den Verwandlungstrieb auszutoben. Darüber hinaus macht so ein gutes Stück natürlich alle Phasen einer Brigitte-Diät mit, die regelmäßig nach den Feiertagen und vor der Bikini-Saison eingelegt wird. Die winterliche Bekleidung zeichnet sich durch eine starke Tendenz zu Selbstgestricktem aus. Zumeist werden die kleineren, schnell herzustellenden Teile wie Fäustlinge, Schals und Ohrenwärmer jedes Jahr durch neue Modelle ersetzt, und wenn die Brigitte-Frau schon einmal dabei ist, kriegen die Oma, der Mann, die Kinder und die liebe Nachbarin auch schnell was Neues genadelt. Sollte Ihnen übrigens in den ersten warmen Frühlingstagen eine Frau im Norwegerpulli (einem erstklassigen Kreativitätsnachweis – in diesen Kreisen nicht unwichtig!) entgegenkommen, dann können Sie getrost schlußfolgern, daß sie noch nicht sehr lange zur Gemeinde der Brigitte-Frauen zählt, denn: Die kluge Frau strickt vor! Eine gewisse jahreszeitliche Verschiebung im Modeteil des Heftes darf Sie also nicht wundern, sollten Sie einmal – zu Studienzwecken – Ihre Nase in die *Brigitte* stecken.

Lebensraum

Die charakteristische Behausung einer Brigitte-Frau ist schon von weitem zu erkennen. Ein ausgeprägter Nestbautrieb läßt sie unermüdlich an der Ausstattung ihrer vier Wände werkeln – nach präzisen Angaben ihres Leib- und Magenblattes, versteht sich.

Der Wechsel der Jahreszeiten ist an der Änderung der Dekoration ablesbar. Adventskränze, Mistelzweige, handbemalte Ostereier, dekorativ arrangierte Trockenblumen und geklebte Muschelstilleben zieren meist schon die Wohnungstür. Dieser mitunter manisch anmutende Ausstattungseifer setzt sich drinnen unbarmherzig fort. Selbstgenähte Kissenbezüge mit kunstvollen Applikationen erfreuen sich ebenso wie gehäkelte Bettüberwürfe und bestickte, hohlsaumverzierte Gästetücher ungebrochen großer Beliebtheit. Kaum ein Haushaltsgegenstand, dem nicht durch ein eigenhändig angebrachtes Monogramm eine persönliche Note verliehen werden könnte. Ist alles Vorhandene verziert, dann ist die Zeit gekommen, die gesamte Wohnung neu einzurichten. Da wird zunächst die guterhaltene, aber hoffnungslos veraltete Schrankwand zerlegt und mit Metallic-Lack, neuen Griffen und Füßen in eine Serie postmoderner Einzelstücke verwandelt. Dann werden die geblümten Fliesen im Bad überstrichen, die gehäkelten Kaffeehausgardinen durch wallenden weißen Nessel mit Batikmuster ersetzt und in allen Räumen selbstgefertigte Kerzenhalter aus kupfernen Wasserrohren aufgestellt. Zur Sommerzeit werden neue Überzüge für die alten Gartenmöbel genäht und fleckig gewordene Blumentöpfe mit den neuen Modefarben übermalt. Farblich abgestimmte Blumen sind schon im Vorfrühling im warmen Zimmer angezüchtet worden und künden bald vom Balkon aus von einer in der zugehörigen Wohnung lebenden Brigitte-Frau. Kaum sind sie verblüht, ist es schon wieder Zeit für das Einkochen von Marmeladen, die fein säuberlich in den selbstgebauten Kellerregalen gelagert werden. Und ehe man sich versieht ist es Oktober geworden: Weihnachten steht vor der Tür und ein Plan für den saisonalen Zimmerschmuck wie auch ein Zeitplan zu dessen Verwirklichung müssen ausgetüftelt werden.

Wohnungen von Brigitte-Frauen sind in ihrer reichhaltigen Beschmückung meist doch praktisch, wohlwollend gemütlich, nicht allzu empfindlich und augenscheinlich auf Besuch ausgerichtet.

Verhalten und Partnerwahl

Eine typische Vertreterin der Gattung Brigitte-Frau ist freundlich, interessiert an ihrer Umwelt, moderat in ihren Ansprüchen, von ausgeglichenem Wesen, stets bemüht, es möglichst vielen ihrer Mitmenschen recht zu machen, kurz: ziemlich unkompliziert. Die beliebte Floskel für Heiratsanzeigen: «Dame zum Pferdestehlen in Jeans und Abendkleid auf Parkett und Tennisplatz» – damit kann eigentlich nur die Brigitte-Frau gemeint sein.

Bei aller Nächstenliebe ist sie aber stets darauf bedacht, sich selbstbewußt einzubringen. Und auch wenn ihr alles Kapriziöse fernliegt, so will sie doch nicht, daß ihre Ausgeglichenheit für ein langweiliges Wesen gehalten wird. Zu ihren breitgefächerten Interessen zählt von daher auch die Psychologie, die ja längst den Wert unterschiedlichster Gefühlsregungen in einer einzigen Seele erkannt hat. Dieses Wissen, immer wieder auf den neuesten Stand gebracht, enthält *Brigitte* ihren Leserinnen freilich nicht vor. Und so wird die Brigitte-Frau, seit es, salopp gesprochen, angesagt ist, daß «Frauen sich was trauen», von ihrer Lieblingszeitschrift zum Ausleben ihrer Empfindungen geradezu ermuntert – alles im Dienste der seelischen Gesundheit. Für alle Lebenslagen hält das Blatt einfach nachzuvollziehende Tips aus der Trickkiste des menschlichen Miteinanders bereit. Natürlich auch für die Partnerschaft, die Beziehungskiste, das eheähnliche Verhältnis. Warum Männer so sind, wie sie nun einmal sind, wird in regelmäßigen Zeitabständen wortgewaltig erörtert. Seit vor einigen Jahren die Forderung nach «neuen Männern» durchs Land ging und bald darauf tatsächlich ein paar Exemplare dieser Gattung gesichtet worden sein sollen, wissen Brigitte-Frauen über deren Vor- und Nachteile bestens Bescheid. Zuverlässig wie die Verbraucher-Beratung informiert *Brigitte* ihre weibliche Gemeinde über die Vertreter der «neuen Männlichkeit», über Softies und Machos in allen Spielarten und Varianten. Das kommt der Brigitte-Frau mit ihrer praktischen Veranlagung sehr zugute und entgegen.

Patent, wie sie ist, widmet sie sich den Alltagsproblemen – und mag die Liebe noch so romantisch sein. Sie organisiert den Umzug – entweder ihren eigenen, wahrscheinlicher aber den des Mannes. Sie besteht auf Beteiligung (seinerseits) an der Hausarbeit. Sie plant den Urlaub. Sie überredet ihn, seinen kleinen roten Sportwagen gegen einen katalysatorbestückten Combi zu tauschen – mit dem besorgt sie dann den wöchentlichen Großeinkauf und transportiert das Material für ihre Bastelleidenschaft aus dem Baumarkt nach Hause.

Selbstverständlich denkt sie nicht daran, ihre Berufstätigkeit aufzugeben. Sollte er so etwas vorzuschlagen den Wagemut aufbringen, wären ihm lange Diskussionsabende gewiß, für die sie sich wappnet durch Lektüre eines entsprechenden Ratgebers, den ihr Hausblatt neulich empfohlen hat. Sie wird jedoch – Männer sind ja so sensibel! – darauf achten, daß sie nicht mehr verdient als er, um sein Selbstbewußtsein nicht vehementen Zerreißproben auszusetzen. Was sie jedoch ganz gewiß tun wird: ihn bei einem eigens zu diesem Zwecke ganz zwanglos arrangierten Grill-Abend (im Winter: Feuerzangenbowle) ihren Freundinnen zur Begutachtung vorführen. Und sie wird darauf bestehen, daß er ihre Interessen teilt. Sie wird mit ihm die von *Brigitte* empfohlenen Kunstausstellungen besuchen, ins Kino gehen, den als Geheimtip in Millionenauflage bekanntgemachten Landgasthof ausprobieren wollen.

Und sie wird bestrebt sein, ihm mit jeder dieser Unternehmungen einen Winkel ihrer Seele auszuleuchten. Denn sie glaubt fest daran, daß jede Sache in den Griff zu bekommen ist, wenn frau erst einmal weiß, wie sie funktioniert. So hat sie es mit ihrem Auto gemacht, mit ihrer Kaffeemaschine, deswegen kann sie jetzt ihren verstopften Abfluß selbst reparieren und sich ein neues Gewürzregal basteln. Warum sollte es mit ihrem Partner anders sein? Unnachgiebig fordert sie von ihm Einblicke in sein Innenleben. Sie schaut sich seinen Freundeskreis an, sie stellt seine Ernährung um, damit er gesund und stark bleibt und gut aussieht, sie schickt ihn in die Selbsthilfegruppe zur Raucherentwöhnung. Und wenn er behauptet, ohne seinen Stammtisch nicht leben zu können – fix hat sie mit ihren Freundinnen eine Männergruppe für die Lebensgefährten organisiert. Das ist besonders praktisch, weil sie sich dann am gleichen Abend mit ihrer Frauengruppe treffen kann.

Sehr liebt sie die Geselligkeit. Aber mit simplen Kaffeekränzchen braucht man ihr nicht zu kommen. Bei ihr gibt es kein Treffen ohne passenden Anlaß, ohne entsprechend zusammengestellte Leckereien und farblich abgestimmte Dekoration. Ein Erdbeerfest (für die ersten Früchtchen der Saison), eine Führerscheinparty (weil Gerda ihn endlich bestanden hat), eine Fete für «Purzel» (weil er nun doch nicht eingeschläfert werden muß), ein kleiner Imbiß nach dem gemeinsamen Besuch einer Informationsveranstaltung über das Robbensterben – ihrem Organisationstalent sind schlicht keine Grenzen gesetzt. Bei solchen Gelegenheiten kann sie ihre vielfältigen Begabungen unter Beweis stellen. Auf den Tisch kommen die eigenhändig bestickte Decke, das einfache Geschirr, das sie in liebevoller Malarbeit in etwas ganz Persönliches verwandelt hat, und ein japanisch inspiriertes Blumenarrangement. Zu Essen gibt es nach *Brigitte*-Rezepten zubereitete Köstlichkeiten. Und für jeden Gast liegt auf der originell geschlungenen Serviette eine selbstgebastelte Kleinigkeit bereit.

Selbstverständlich weiß eine Brigitte-Frau, daß es zum guten Ton gehört, gelegentlich über den Tellerrand hinauszuschauen. Wie es so in der Welt zugeht, erfährt sie aus der Serie «Mein Mann ist Ausländer». Da wird jedoch nicht Frau Lieselotte Becker-Özal aus Hamburg-Eimsbüttel vorgestellt. Nein, es handelt sich durchweg um Frauen, die ihren Gatten unter Aufgabe ihrer angestammten Umgebung, ihres Freundeskreises, der gewohnten Nahrung, womöglich gar der eigenen Identität, ins wilde Kurdistan, auf eine verschlafene griechische Insel oder in ein pazifisches vermeintliches Urlaubsparadies gefolgt sind. Daraus lernt die Brigitte-Frau zweierlei: Einmal wird ihr so vorgeführt, daß es auch heute noch Abenteuer zu bestehen und Pioniertaten zu leisten gibt (man denke nur an das Einschmuggeln eines rheinischen Sauerbratens auf einen, sagen wir, koreanischen

Speisezettel!), und zum anderen zeigt sich doch immer wieder, daß Anpassungsfähigkeit nachgerade grenzenlos sein kann.

Alle Bemühungen der Brigitte-Frau, ihre eigene Karriere voranzubringen, allen Widrigkeiten zu trotzen, sich immer wieder auf verschärfte Bedingungen einzustellen und Konkurrenzkampf nicht kategorisch als Männerrolle abzutun, geschehen immer unter der Prämisse, möglichst niemanden zu vergrätzen. Denn sich mutterseelenallein durchs Leben zu schlagen – das ist ihre Sache nicht. Ein wenig Engagement hie und da, das gehört heutzutage schon dazu und wird von niemandem übelgenommen, vorausgesetzt, es geht nicht ans Eingemachte. Aber bei alldem, bitt' schön, immer nett und verbindlich bleiben. Der muffligen Kollegin ab und zu ein Glas selbstgekochtes Bananen-Chutney mitbringen (auch wenn die gar nicht weiß, was sie damit anfangen soll), die liebe Nachbarin, die sich immer um die Katzen kümmert, zu Weihnachten mit einem Paar Ohrenwärmer erfreuen und den Fußballfreunden des Ehemannes eine richtig süße Torte backen (in Fußballform natürlich!) – das sind die kleinen Gesten, mit denen die Brigitte-Frau allen signalisiert: Ich bin o.k. – ihr seid auch o.k.!

Als Mann sollte man allerdings aufpassen, daß man ihrem Harmonisierungstrieb nicht völlig zum Opfer fällt. Denken Sie immer daran, das Motto der Brigitte-Frau lautet nicht umsonst: «Machen Sie das Beste aus Ihrem Typ!»

So richtig schön naiv: Die kleine Freundin

Worum es geht, sagt schon der Titel: Die *Freundin*, alle 14 Tage neu aus München, teilt all die aufregenden Geheimnisse eines jungen Frauenlebens: Mode, Männer und Make-up. Die kleinen Freundinnen sind meist ziemlich jung – oder aber sie haben nicht mitgekriegt, daß es «out» ist, jahrzehntelang ein Twen zu bleiben.

Aussehen

Auch kleine Freundinnen erkennt man am Aussehen: Sie sind eine ziemlich bunte Gesellschaft – im wahrsten Sinne des Begriffs. Mit Anfang Zwanzig ist frau für die damenhafte Eleganz eines beigen City-Kostüms vielleicht wirklich noch zu jung. Farben sind angesagt! Und zwar Dutzende pro Saison. Und Knallfarben fehlen nie. Auch wenn die Mode gerade auf dem Safari-Trip ist. Der kommt bei den kleinen Freundinnen dann eben aufgepeppt. Mit bunten Gürteln und ebensolchen Tüchern, farbenfrohen Schuhen und pfundweise Klunkern ist noch jedem Kleidungsstück der seriöse Karriere-Appeal auszutreiben. Überaus beliebt sind übrigens Schleifen, überall. Im Haar und auf den Schuhen, um die Taille, darüber und darunter. Hauptsache groß und bunt! Auch Tücher kommen zum nachgerade verschwenderischen Einsatz, Ton in Ton aufeinander abgestimmt oder total gemischt. Ein bißchen Farbe braucht frau eben in unseren verregneten Breitengraden. Bloß keine graue Maus sein!

Mode ist das halbe Leben, die halbe Zeitschrift – und die halbe Wohnung eine Kleiderkammer, so darf gemutmaßt werden. Klamotten sind Spaß, sie müssen pfiffig wirken und Witz haben! Und wie ein Witz sehen sie manchmal auch aus. An der Büro- oder Waschmaschinentauglichkeit so manchen Fähnchens darf jedenfalls ernsthaft gezweifelt werden. Aber darauf kommt es auch nicht an. Denn all den originellen Schnickschnack hat frau spätestens dann satt, wenn sie auf 500 Metern Fußgängerzone siebenmal der eigenen Aufmachung begegnet. Zeit, höchste Zeit für etwas Neues! Und welche kleine Freundin könnte dem Drang widerstehen, heute eine knallenge Radlerhose, morgen einen bauchfreien Wollpulli und übermorgen einen Leinenblazer ohne Ärmel zu probieren? Ausrutscher nach dem Motto «Unpraktisch, aber geschmacklos» sind da nicht zu vermeiden. Aber wen kümmert's? Die kleine Freundin ganz bestimmt nicht!

Auffallend ist der Hang zum Behängen. Ketten kommen im Dutzend – zwischen Handgelenk und Ellbogen ist Platz für viele, viele bunte Reifen. Und Ohrringe, die kleiner sind als ein Fünf-Mark-Stück, sieht man kaum je. Das Fußkettchen und der

Nasenring allerdings haben sich bei den sonst so neuerungsfreudigen kleinen Freundinnen nicht durchsetzen können.

Drunter wird's munter: Es versteht sich von selbst, daß eine kleine Freundin den Tag nicht damit beginnt, sich in biederen Schiesser-Feinripp zu hüllen. Auch die Wäsche macht die Mode mit. Karos, Streifen, Tupfen, Rüschen, Spitze: Was immer sich auf dem bißchen Stoff von BH und Tangaslip unterbringen läßt – die kleine Freundin trägt's.

Das alles hat natürlich seinen Preis. Und wenn die kleine Freundin zu Schere und Nadel greift, dann weniger, um ihre Kreativität auszutoben und sich textil selbst zu verwirklichen, sondern viel eher, um einen Trend – trotz Ebbe in der Kasse – mitmachen zu können. Die Hauptforderung an die Garderobe aus der eigenen Werkstatt: Bunt und originell muß sie sein, einfach und schnell muß es gehen! Da kommt es schon mal vor, daß ein Pulli ein bißchen kurz gerät oder eine Hose etwas formlos. Macht nichts! Aus der Not eine Tugend gezaubert, das Unglück zum neuen Look gekürt – und in drei Monaten hat das Stück ohnehin ausgedient.

Wen wundert es da, daß kleine Freundinnen auch kopfmäßig ziemlich mutig sind. Will heißen: Auch die Frisur ist ständigen Wandlungen ausgesetzt. Hat sie von schulterlang bis raspelkurz, von schnittlauchglatt bis petersilienkraus erst einmal alles ausprobiert, bleibt noch der Griff zur Farbe. Und die liebt die kleine Freundin ja, wie man weiß. Warum also nicht von Braun zu Blond, von Blond zu Rot, und wenn das jede trägt, zu «Goldorange», «Aubergine», «Blauschwarz» oder «Savannenblond», was auch immer das sein mag. Sollte es schiefgehen und sich statt einer gleichmäßigen Tönung eine scheckige Karottenfarbe ergeben – mit einer bunten Schleife läßt sich daraus – siehe oben! – noch ein Trend machen.

Lebensraum

Die typische kleine Freundin ist jung, hat erst vor kurzem einen eigenen Hausstand gegründet (oder ihn in die Wohnung ihres derzeitigen Freundes verlegt) und gibt ihr Geld für Mode, Essen-

gehen und Geselligkeit im Freundeskreis aus. Sparsame Möblierung, Möbel mit Mehrfachfunktion und fehlende Gardinen weisen sie also nicht unbedingt als Anhängerin einer aufs Wesentliche reduzierten Wohnkultur aus. Ähnlich wie die Brigitte-Frau bastelt auch die kleine Freundin gern an ihrer Einrichtung, aber nur selten aus purer Lust am Selbermachen. Wie schon bei der Kleidung, gilt auch hier: Schnell muß es gehen, billig muß es sein, und teuer muß es aussehen. Ein vermeintlich marmorner Beistelltisch erweist sich in aller Regel bei genauerem Hinsehen als folienbeklebter Holzwürfel, die pfefferminzgrün gestrichene Hausbar ist Omas aufgemöbeltes Nachtschränkchen von Anno dermaleinst, und unter einem verschwenderisch drapierten Stoffüberwurf verbirgt sich ein ebenso preisgünstiger wie unbequemer Klappstuhl. Die Lichterkette vom Weihnachtsbaum nebst Kugelschmuck im Badezimmer zeugen nicht vom bevorstehenden Fest, sondern von der Ideenvielfalt der Bewohnerin, die eine Schwäche für aus dem ursprünglichen Zusammenhang gerissene Dekoration hat. Zu Ostern wird dann die kleine Kübeltanne auf dem Balkon üppig mit Eiern behängt und zu Nikolaus steht eine große Plastik-Mickymaus mit roter Mütze auf dem Fernseher.

In der Wohnung der idealen «Freundin»-Leserin befindet man sich, wenn keinem Einrichtungsgegenstand anzusehen ist, welchem Zweck er eigentlich dient. Miss Liberty und das Empire State Building auf dem Eßtisch? Salz- und Pfefferstreuer! Ein Werkzeugschrank an der Wohnzimmerwand? Die Hausbar! Ein Toaster auf dem Nachttisch? Nein, ein Wecker! Originell, nicht wahr? Eine weitere Spezialität der kleinen Freundin sind aufwendige Tischdekorationen, die viel Platz wegnehmen und die Nahrungsaufnahme mitunter erheblich erschweren. Wer da vermutet, daß damit von mangelhaften Kochkünsten abgelenkt werden soll, liegt gar nicht einmal so falsch. Aber dazu kommen wir später.

Die kleine Freundin will was haben vom Leben! Auch wenn sie manchmal noch nicht so genau weiß, was. Deshalb experimentiert sie eben immer mal wieder ein bißchen. Wenn's schiefgeht, wird's unter «Erfahrungen» verbucht. Aber wer sagt denn, daß es immer schiefgehen muß? Jeder hat mal klein angefangen, und die kleine Freundin übt eben immer noch. Das darf frau in ihrem Alter. Schließlich macht jeder alles irgendwann einmal zum erstenmal, nicht wahr? Kochen, Nähen, Gastgeberin sein, sich gegen den ungerechten Chef wehren, der Freundin den Freund ausspannen, dem unverschämten Vermieter endlich mal die Meinung sagen – all das will gelernt sein. Und all das lernt frau, wenn sie immer schön die *Freundin* liest. Da gibt es zum Beispiel die Rubrik, in der junge Frauen ganz unverblümt ihre Meinung sagen können zu wichtigen Themen unserer Zeit, etwa: «Ist es altmodisch, sich heute noch zu verloben?», «Muß mein Partner meine beste Freundin mögen?», «Darf ich meiner besten Freundin meine Liebesbriefe zeigen?» Da lernt frau doch überzeugendes Argumentieren. Und gleich noch was fürs Leben. Solcherart trainiert, kann sie zum Beispiel im Berufsleben heikle Situationen ganz gelassen nehmen. Irgendein Unsympath hat wieder eine dumme Bemerkung über den kurzen Rock gemacht? Ganz klar, da müssen Frauen sich wehren! Die *Freundin* empfiehlt, den Macho in seine Schranken zu weisen, etwa mit der Bemerkung: «An Ihrem Kommentar hab ich gar kein Interesse.» Ganz schön mutig, gell? Dem hätten wir's gegeben!

Viel spannender aber findet die kleine Freundin die immer aktuellen Fragen: Warum sind die Männer so rätselhaft? Warum sehen die Männer die Liebe so ganz anders als wir? Warum gibt es immer wieder so viele Probleme mit den Männern? Kleine Freundinnen sind auch in dieser Hinsicht meist in der Phase des Ausprobierens. Und da passiert es schon einmal, daß der neue Partner sie mit seinem seltsamen Verhalten etwas verwirrt: Warum redet er dauernd von seiner Mutter? Was steckt dahinter, wenn er immerzu sein Motorrad repariert? Habe ich etwas, und was genau habe ich falsch gemacht? Das Schöne an kleinen Freundinnen ist, daß sie auf so knifflige Fragen ganz schnell ganz einfache Antworten finden – bei ihrer aller *Freundin*. Für den Umgang mit Männern zum Beispiel gibt es ein paar feste Regeln zu beachten: Ist doch nicht meine Schuld, wenn er so rätselhaft ist. Wenn ich erst weiß, was für ein Typ er ist, ist alles ganz einfach. Bei komplizierten Männern muß ich einen kühlen Kopf bewahren und ein bißchen tolerant sein. Manche Männer sind einfach nichts für mich. Manche sind so, weil sie einfach zu wenig Selbstbewußtsein haben. Wenn es Mißverständnisse gibt, habe ich etwas nicht ganz richtig verstanden. Und schließlich: Lieber einen rätselhaften Kerl am Hals als einen gähnenden Langweiler im Bett! Ist doch ganz einfach – und ganz klar, oder?

Schwieriger wird's bei Eifersucht. Was frau tun kann, wenn der Partner einen damit quält? Die kleine Freundin weiß es bald: Sie darf ihm auf keinen Fall vorwerfen, daß er eifersüchtig sei. Und sie darf nicht aggressiv werden, wenn er aggressiv wird. Und sie sollte sich mal überlegen, ob sie nicht vielleicht doch ein bißchen zu heftig mit dem Skilehrer geflirtet hat. Was auch nicht gut ist: Ihm ständig zu sagen, daß der Freund, den sie vor ihm hatte, so ganz anders war als er. Schließlich ist ihr Motto sowieso, daß die Vergangenheit sich nicht zurückholen läßt. Was zählt, ist – unvorstellbar, aber wahr – einzig und allein die Gegenwart! Anders ausgedrückt: Was schert mich mein Geschwätz von vorgestern? Kleine Freundinnen sind eben nicht festgelegt. Nicht auf eine Mode und nicht auf einen Stil, nicht auf einen Typ und nicht auf eine Meinung. Na und? Das ist vollkommen natürlich! Alles ändert sich, andauernd, immer weiter. Eben auch der eigene Geschmack!

Apropos Geschmack: Damit sind wir beim Thema «Die kleine Freundin und die feine Küche». Auch hier lernt sie noch. Um mögliche Desaster im Rahmen zu halten, gibt es die Rubrik «Gut essen muß nicht teuer sein. 10-Mark-Menüs für Zwei». Es ist doch einfach so: Nichts beeindruckt einen Verehrer mehr, als wenn frau ihn mit einem selbstgekochten Essen überrascht. So kann sie nach ihrer Devise «Einfach muß es sein, schnell muß es gehen, teuer ist nicht drin» gleich mehrere Fliegen mit einer Klappe schlagen: Hat es ihm geschmeckt, kann sie ihm gleich sagen, daß es überhaupt nicht teuer war und daß sie gerne nächste Woche wieder für ihn kochen will. Und wenn er beim drittenmal immer noch nicht gemerkt hat, daß Kochenkönnen und sparsames Wirtschaften seltene und begehrte (Ehe-)Frauentugenden sind, wenn er also schlicht keine entsprechenden Vorschläge machen will, dann ist er vielleicht doch nicht der Richtige und die kleine Freundin hat nicht soviel Geld ins falsche Objekt investiert. Sollten sie – nur eventuell – Zweifel beschleichen, daß es möglicherweise doch an ihrer nicht ganz vollkommenen Kochkunst gelegen haben könnte, dann erinnert sie sich daran, daß Woody Allen, allerdings in einem anderen Zusammenhang, gesagt hat: «Ich übe viel, wenn ich allein bin.» Vielleicht ruft sie aber auch das *Freundin*-Kochstudio an und fragt, was sie falsch gemacht hat.

Beim nächstenmal – sie lernt aus ihren Fehlern! – ist sie dann vorsichtiger. Sie hantiert souverän mit Dosenöffner und Tiefkühlschrank und widmet ihre Aufmerksamkeit der Tischdekoration. Kerzenlicht ist nicht nur wahnsinnig romantisch, sondern auch recht praktisch: Man(n) sieht da nicht so genau, was so auf den Teller kommt. Sie legt viele bunte Schleifen auf das Tischtuch, eine prima Idee, wenn es gerade nicht frisch gewaschen und gebügelt ist. Und ein Kästchen selbstgezogene Kresse sieht nicht nur toll aus, damit kann die kleine Freundin auch die Tomatensuppe aus der Dose individuell verfeinern. Wenn es diesmal nicht klappt mit dem Dinner – vielleicht standen einfach die Sterne nicht günstig? Oder es war wieder der falsche Typ. Also zur *Freundin* greifen und nachlesen, was Männer an Frauen nervt. Da erfährt sie dann, daß Männer es nicht mögen, wenn Frauen sich zu sehr anpassen und unbedingt jedem gefallen wollen. Andererseits sind aber ausgeprägte Eigenarten auch nicht unbedingt gefragt. Also was nun? Die kleine Freundin bleibt einfach so, wie sie ist: fröhlich, bunt, ein bißchen chaotisch, spontan, unternehmungslustig – und solo, vorerst. Das Schöne an diesem Zustand ist ja, daß er sie nicht daran hindert, alles auszuprobieren, wozu sie Lust hat. Das kann der Motorradkurs sein, der Segeltörn im Mittelmeer, Ikebana für die Frau von heute, das Menü für Anfänger, das garantiert gelingt, die neue Wohnungseinrichtung, die so einfach zu basteln ist – oder eben auch der kühle Blonde aus der Marketing-Abteilung. Der sieht ein bißchen verhungert aus, den könnte sie mal zum

Abendessen zu zweit einladen – selbstgekocht natürlich. Bei der Gelegenheit kann sie ihn gleich ein bißchen ausfragen, nach seiner Lieblingsfarbe (die sagt so viel über den wahren Charakter aus), ob er etwa auch Motorrad fährt und ob er an Astrologie glaubt. Ob er Karriere machen will, ob er etwa auch findet, daß Kim Basinger (diese blöde Zicke!) eine Traumfrau ist. Ob es ihn stören würde, wenn (s)eine Frau ein Poster von Mel Gibson im Schlafzimmer hängen hat. Ob er nicht Lust hätte auf einen Segeltörn im Mittelmeer. Und ob er nächste Woche wieder zum Essen kommen will, sie hätte da noch ein ganz tolles Rezept, sehr schmackhaft, ganz einfach, gar nicht teuer und schnell geht's auch...

Die Extra-Super-Klasse-Frau: Die Petra-Puppe

Petra kommt aus dem kühlen Norden, aus Hamburg, wie so viele ihrer Kolleginnen. Aber von kühler Zurückhaltung oder der feinen englischen Art, die man den Hanseaten gern nachsagt, ist bei ihr nicht viel zu spüren: Heiß geht es her, und knistern soll es, wenn eine Petra-Puppe aufkreuzt.

Aussehen

Ihr Äußeres, ihre optische Wirkung geht ihr über alles. Denn «in» will sie sein. Dazugehören. Super aussehen. Superschlank sein. Eine Superfrisur tragen. Und dafür zahlt sie auch schon mal Superpreise. Oder läßt zahlen. Ihre größte Angst: daß man sie übersehen könnte. Die zweitgrößte: daß sie nicht die erste ist, die die neuen Klamotten trägt. Oder aber, daß eine andere daherkommt, die sie übertrumpft. Auf Erfolgskurs will sie gehen. Jederzeit. Aber nicht überall. Der heimische Herd ist nicht der rechte Platz für sie. Und das Einwohnermeldeamt von Castrop-Rauxel auch nicht. Nur die Großstadt kann ihr bieten, was sie braucht: einen Laufsteg für die One-Woman-Show. Und die ist super, versteht sich.

Sie trägt – zum Beispiel – die Schrittmacher der Saison: Hosen in allen Variationen, von kurz, knapp und knackig bis weit, plissiert und knöchellang. Aus Fliegerseide und aus Sackleinen. Alles geht. Nur eines nicht: Hosen, denen man auf den ersten Blick ansieht, daß es Hosen sind. Ins Büro geht sie (wenn es sich denn nicht vermeiden läßt) im Nadelstreifen – bauchfrei. Zum Karrieremachen hat sie das passende Kostüm: unbeschreiblich weiblich und allerhöchstens knielang. Ihr Fitness-Frühstück und ihre Schminkutensilien trägt sie in der Aktentasche aus geprägtem Kroko-Imitat. Doch sehr viel lieber als zur Arbeit geht sie zum Shopping. Im Dandy-Stil, stadtfein in Samt und Seide, in Rüschenbluse und Rokokoweste. Gestylt (früher sagte man: aufgeputzt) mit Gamaschen, Zylinder und Spazierstock. Und im Gefolge einen Mann, der Türen aufhält, Tüten trägt und einfach mit seinem guten Namen bezahlt.

Eines hat die Petra-Puppe mit ihrem großen Vorbild Barbie gemeinsam: einen passenden Dress für jede Stunde des Tages und der Nacht. Einen Großteil ihrer Zeit verbringt sie mit dem Umziehen. Sie ist nicht auf der Suche nach *ihrem* Stil, verkörpert nicht einen bestimmten Typ und folgt nicht *einem* Trend – sie macht einfach alle mit. Morgens klassisch, mittags sportlich, zum Dinner exotisch, zum Cocktail erotisch. Immer aber flippig! Denn unter klassisch versteht sie zum Beispiel einen dunkelblauen doppelreihigen Blazer – schulterfrei. Dazu ein bonbonfarbenes, kastenförmiges Handtäschlein, einen roten Gürtel um die Frisur geschlungen und an den Füßen ein paar derbe *brogues* nach Art des englischen Landadels. Sportlich ist alles, was die Frisur betont: Radlerhosen, knalleng und knallfarbig, knappe Turnhemdchen, aber auch breitschultrige Lederjacken, auf dem Kopf eine Baseballmütze und zur Dekoration den passenden Schläger unterm Arm. Exotisch ist alles, was viel (sonnenstudio- oder müßigganggebräunte) Haut sehen läßt, sich gegen mehrere Pfund Klimperschmuck behaupten kann, von gewagtester Farbigkeit und fast waghalsiger Farbzusammenstellung ist, gülden glitzert und die männlichen Betrachter vor die Frage stellt, ob darunter nicht vielleicht doch nur Lieschen Müller...?

Erotisch, keine Frage, ist sie nicht nur zur blauen Stunde: Ero-

tik ist der tiefere Sinn hinter all ihren Bemühungen um ihr Äußeres. Und dabei schreckt sie vor nichts zurück. Nicht vor Leder auf der nackten Haut, nicht vor schwarzer Spitze in verschwenderischer Fülle (oder reizender Knappheit), und auch nicht vor Absatzhöhen, für die sie eigentlich einen Flugschein bräuchte. So und nicht anders bringt sie es immerzu auf mindestens einen Mann, der sie auf Händen trägt.

Ihre Lieblingsrolle: Die coole Venus. Sie liebt die große Pose, den aufsehenerregenden Auftritt – und braucht für all das einen ständigen Begleiter. Denn sie ist wild auf Luxus. Und über Geld spricht man nicht …

Einem potenten Verehrer hat sie allerdings auch einiges zu bieten. So wie die Mimi ohne Krimi nie ins Bett, geht die Petra-Puppe ohne perfektes Make-up nicht einmal um die Ecke zum Briefkasten. Haut und Haare werden gepflegt, daß es eine Lust ist. Dafür hält das Leib- und Magenblatt ständig neue Tricks bereit. Ebenso wie ständig neue Wunderdiäten, wenn jeweils die alte, ganz gegen alle Erwartungen, nicht schlank und schön in nur sieben Tagen zu machen vermochte.

Lebensraum

Was eine rechte Luxus-Frau ist (oder aber: werden will), die demonstriert ihre Ansprüche natürlich auch bei der Wahl der Behausung. Dabei ist zuallererst mal nicht wichtig, wie, sondern wo sie wohnt. Adressen für Aufsteiger sind gefragt! Da darf es denn auch ein Dachboden sein, wenn er nur im richtigen Viertel liegt. Immerzu auf die Finanzierbarkeit ihrer Luxusbedürfnisse bedacht, wird die Petra-Puppe dabei positiv verbuchen, daß es die rundum tolle Aussicht gratis gibt. Mit der ihr eigenen Zielstrebigkeit macht sie sich dann an die Verwirklichung ihres Wohn(t)raums. Wo beginnen? Ein Blick ins Blatt – und schon wird guter Rat zuteil: «Egal, wieviel Quadratmeter Sie suchen, im Immobilienteil der Zeitung finden Sie entsprechende Angebote.» Manchmal will eben auch ein Luxusweibchen bei der Hand genommen werden und gezeigt bekommen, wo's langgeht.

Ist der Raum beschafft, geht es ans Einrichten. Und hier heißt die Devise: Schluß mit der Langeweile. Probieren Sie doch mal etwas Ausgefallenes! Die wichtigsten Stücke des Wohnzimmers? Sofa, Sessel, Kaffeetisch und Bücherregal? Weit gefehlt: Fernseher, Video-Recorder und Stereo-Anlage. Und die werden nicht einfach so hingestellt, sondern originell untergebracht, zum Beispiel in einem rollenden Roboter. Solch ein Stahlrohr-Ungetüm macht sich vor allem gut auf dem – obligatorischen – Parkettboden. Der Kontrast ist nämlich einfach ungemein witzig, müssen Sie wissen.

Wie's drinnen aussieht, geht jeden etwas an. Deshalb auch stylt die Petra-Puppe ihre Fenster mit Durchblick. Zum Beispiel schöne klassische Sprossenfenster mit ausgewogenen Proportionen – aufgepeppt mit farbiger Plastikfolie. Oder ein «Kunstfenster im Glitzer-Look»: gestaltet mit Goldstoff, der mit Hilfe von Drahtkonstruktionen dreidimensional – und staubfangend – in den Raum ragt. Das macht schwer was her, verhindert aber leider nicht den manchmal doch unerwünschten Einblick von gegenüber. Also noch ein Grund, der für die Dachwohnung spricht.

Bisweilen geht es der Petra-Puppe nicht um eine wohnliche Bleibe, sondern darum, einem Besucher zu imponieren. Dann greift sie auf Luxus zum Leihen zurück: Kunst zum Renommieren, einen Eisbär vorm Kamin, ein Garten-Grill à la Ewing-Oil – kein Wunsch muß unerfüllt bleiben. Und ist der Gast beeindruckt wieder abgezogen, gibt sie den ganzen Plunder halt wieder zurück. Das veränderte Aussehen der Wohnung erklärt sie ihm, sollte er eines Tages unangemeldet vor der Tür stehen, mit ihrem ausgeprägten, gerade in Sachen Wohnen exzessiven Individualismus. Geordnete (Wohn-)Verhältnisse sind nun einmal nicht ihr Stil. Denn das würde Festlegung und Entscheidung für Wesentliches bedeuten. Und das fällt der Petra-Puppe – mit ihrem Drang, jede Macke mitzumachen – ganz besonders schwer.

Petra-Puppen mögen es nicht unbedingt mit dem Kopf haben, sprich: Ihre Vorzüge sind eher körperlicher Natur. Aber für dumm verkaufen lassen sie sich nicht. Die Petra-Puppe will es wissen: Zum Beispiel, was es auf sich hat mit Intrigen am Arbeitsplatz. Oder wie frau am besten reinkommt in die Glamour-Jobs. Und wie frau es zu mehr Erfolg und Spaß (in dieser Reihenfolge) im Alltag bringt. Was Deutschlands Sex-Guru selber drauf hat. Wie Fältchen, Äderchen und Pölsterchen verschwinden. Wie lange die Beziehung halten wird. Wie die astrologische Glückskurve fürs nächste Jahr aussieht. Und was eine deutsche Geisha in Tokio so alles erlebt. All das und noch so vieles mehr erfährt sie – freilich! – aus der *Petra*. Wenn auch nicht immer in aller Ausführlichkeit. Auch das ein Zeichen unserer Zeit: Frau muß sich ja um so unwahrscheinlich vieles kümmern heutzutage; zumal, wenn frau «in» sein will. Da ist sie dankbar für News in Häppchen-Form.

Die Petra-Puppe liebt – es ist ein mehr als offenes Geheimnis! – Klatsch und Tratsch. Folgerichtig steht der auch im Heft an erster Stelle: Machen Frauen bessere Pornos? Sind Sie neidisch, Mr. Douglas? Was macht Sie schwach, Monsieur Delon? Da erfährt sie dann die wichtigsten Dinge, damit sie überall wirkungsvoll mitreden kann: Ob nun Zsa Zsa Gabor zum achtenmal heiratet oder Mathieu Carrière kundtut, daß er Erotik altmodisch finde – die Petra-Puppe ist rechtzeitig informiert und hat entsprechend immer eine eigene Meinung parat, nimmt im Gespräch souverän ihre Haltung ein: Ein namenloses Filmsternchen liefert den Beweis, daß eine Filmkarriere übers Bett läuft – sie hat drei Rollen nicht gekriegt, weil sie nicht mit wollte. Loriot kann unvorstellbar gut Vanille-Pudding kochen. Zu jedem Gesprächsthema hält sie die passende, ergänzende, abrundende Information bereit.

Solcherart im vollen Menschenleben zu Hause, liest die Petra-Puppe natürlich gern, wie das ist, wenn frau einem Mann hörig ist («...schrecklich, ganz schrecklich; ich haßte ihn, ich haßte ihn!»); sie will wissen, warum eine junge Frau zur Prostituierten wird («Erst habe ich es aus Liebe getan. Dann nur noch für Geld.

Dabei bin ich doch nur auf der Suche nach wirklicher Liebe.»), und auch, wie frau mit einem Muttersöhnchen fertig wird («Was immer wir taten, seine Mutter sollte immer dabei sein. Beim Sex hörte der Spaß dann auf. Ich warf ihn raus!»). Da muß sich die Petra-Puppe schon einmal die Tränen der Rührung aus den Augenwinkeln tupfen: Die gute, alte Liebe! Denn die ist auch für die Petra-Puppe der Motor, der alles in Gang hält. Und wenn der gerade mal im Schongang läuft, dann muß etwas getan werden. Wurde da nicht auf dem Titel angekündigt «Top in Form – Kompletter Schönheitsplan fürs Frühjahr?» Na denn, ab in den Frühling! Die Petra-Puppe weiß, daß sie nun nicht unzählige langweilige Seiten mit Anweisungen für Rumpfbeugen, Wechselduschen und Möhren-Diäten erwarten. Nein, nein! Volle Power ist angesagt! Unter dem Stichwort «Private Fitness» – nein, nicht was Sie denken – findet sich da die Information, daß die Sportindustrie jetzt eine Menge neuer Kleingeräte für den Hausgebrauch anbietet. Das ist toll! Denn das heißt, daß die Petra-Puppe nicht mehr so schrecklich viel Zeit im Body-Studio verbringen muß. Statt dessen kann sie den PT, den Personal Trainer, engagieren. Das ist doch mal wirklich ein neuer Service! (Und nebenbei mal wieder eine Möglichkeit, einen Mann ins Haus zu holen.) Auch für die von *Petra* entwickelte Aqua-Gymnastik empfiehlt sich ein privater Pool. Es sieht doch ziemlich albern aus, wenn frau im Wasser Hampelmann spielt. Aber für ihr Aussehen ist der Petra-Puppe nichts zu teuer oder zu aufwendig. Sie will den «Wow»-Effekt bei ihrem Lover. Er soll richtig stolz sein, daß sie seine Freundin ist. Ist das ein Programm?!

Volles Programm liebt die Petra-Puppe auch im Urlaub. Faulsein ist aus der Mode. Der neue Trend heißt: Reisen bildet! Oder neudeutsch: *Learning by travelling!* Ist ja auch logisch. Mit einem Badeurlaub am Mittelmeer stellt man ja nur seine eigene Ignoranz unter Beweis. Sonne ist out, macht Herpes, Hautkrebs und Falten. Und überhaupt ist Braun nicht mehr angesagt, seit es jeder zu Markte tragen kann. Also: Die Blässe kultivieren beim Sprachkurs in Manhattan, beim Theaterspielen in Florenz, beim Ballett-Training in Paris. Das kultiviert neben der Blässe auch den Geist – und gibt prima Themen für die nächste Party-Plauderei. Und Parties liebt die Petra-Puppe. Auch wenn sie es nie zugeben würde, vor allem liebt sie diese, weil frau da Männer am leichtesten und natürlichsten kennenlernen kann. Denn der tiefere Sinn hinter all ihren Bemühungen um Fitness, Mode und Make-up ist schließlich einzig und allein: sich an den Mann zu bringen.

Bloß ist das nicht mehr so einfach in unserer schnellebigen Zeit. Welcher Mann nimmt sich denn noch die Zeit für wochenlanges Werben? Da darf die Petra-Puppe von ihrem Hausblatt durchaus Hilfestellung erwarten: Männer-Typologien weisen ihr den Weg und helfen ihr, jeden zu durchschauen. Nach dem Motto «Nie mehr Liebe auf den ersten und Frust auf den zweiten Blick» richtet sie ihr Augenmerk zielsicher auf Anzug, Socken, Auto, Wohnung und Hobby. Denn die verraten mehr über ihn als ihm lieb ist. Dieses Testverfahren gegen Flops muß natürlich immer wieder auf den neuesten Stand gebracht werden. Denn auch ein Frühwarn-System gegen falsche Lover darf den Trend nicht aus den Augen verlieren. Deshalb gibt es auch immer diese hilfreichen In & Out-Listen. Zwar weiß jede Petra-Puppe, daß diese Listen, sobald gedruckt stets schon wieder veraltet sind. Aber sie liest sie immer wieder gern: Erstens kann sie überprüfen, ob sie den letzten und den vorletzten Trend richtig eingeschätzt hatte, und zweitens gibt ihr das Ganze das Gefühl, daß sie ihr hübsches Näschen ganz schön weit vorne hat. Daß sie damit auch gern in anderer Leute Privatleben herumschnüffelt – wir haben es bereits erwähnt. Darum haben Geschichten über Stars oder solche, die es waren oder werden wollen, einen festen Platz im Blatt. (Das hat gewissermaßen Tradition. *Petra* ist nicht ganz so jung, wie sie aussieht: Ihre Jugend verdankt sie einem Face-Lifting und einem Namenswechsel. Früher einmal hieß sie *Film und Frau*. Aber das ist lange her, und wir wollen nicht unhöflich sein und in ihrem Vorleben herumstochern. Jedenfalls hat sie ihre Vorliebe für die Welt des Glamour und des Show-Biz aus dieser Zeit herübergerettet.) Die Petra-Puppe ist somit stets gut informiert über den Tagesablauf von, sagen wir, Merryl Streep oder Marlon Brando. Sie weiß auch sehr genau, wie es ist, mit einem Rockmusiker verheiratet zu sein; schwierig, denn so jemand ist ständig auf Tournee. Da nimmt sie doch eigentlich ganz gern mit ihrem Bankangestellten oder Werbefuzzi vorlieb. Der kommt wenigstens zum Abendessen nach Hause und läßt sich von ihr bekochen. Das zeigt ihr, daß er sie braucht. Und da er meist dafür sorgt, daß sich ihre materiellen Wünsche erfüllen, läßt sie ihn auch nicht darben.

Zu ihrer Küche hat sie eine ähnliche Einstellung wie zu ihrem Kleiderschrank: Irgend etwas von gestern kommt ihr nicht ins Haus. Und auch auf dem Teller macht sie jeden Trend mit. Der gebietet im Moment Fitness-Food. Und weil Fisch nicht nur gesund, sondern auch ansonsten hoch im Kurs ist, serviert sie ihn bei jeder Gelegenheit: zur Vorspeise, zur Suppe, als Hauptgang – lediglich ein Fischdessert gab es noch nicht.

Die Petra-Puppe kocht nicht gern komplette Menüs. Viel lieber hat sie raffinierte Kleinigkeiten – für zwei, versteht sich. Wenn es doch einmal eine größere Runde ist – Essenseinladungen sind schwer im Kommen, sagt die In & Out-Liste –, zeigt sie selbstverständlich auch bei Tisch, daß sie eine moderne Frau ist und weiß, was in der Welt so passiert. «Ost trifft West» heißt ihr Rezept für Menüs mit Biß. Und da alles, was sie zaubert, brandneu ist, hat keiner ihrer Gäste je einen Vergleich: Wer noch nie «Som Tam mit Shrimps» gegessen hat, kann günstigerweise auch nicht beurteilen, ob das Gericht ihr gelungen ist. Und wenn die Panne einmal wirklich nicht mehr zu vertuschen ist, kann sie sich immer noch damit herausreden, daß ihr Horoskop so etwas schon angekündigt hatte.

Ihre Astro-Trends (sic!) studiert sie nämlich immer ganz genau. Und mit schwammigem Gefasel läßt sie sich da nicht abspeisen: Die Petra-Puppe will es – auch auf diesem Gebiet – ganz genau wissen. Eine bunte Graphik zeigt ihr lebenswegweisend, wo's langgeht, rein sternenmäßig. Und damit sie damit auch etwas anfangen kann, sagt ihr das Horoskop auch, wie sie ihre Chancen am besten nutzt: «Ein Einkaufsbummel lohnt sich. Sie finden genau den Blazer, den Sie schon immer haben wollten!» Eine Prophezeiung mit Hand und Fuß! Und wenn der Mann an ihrer Seite das teuere Stück einfach mit seinem guten Namen bezahlt, ist die Welt der Petra-Puppe rundum in Ordnung.

Das gepflegte Muttchen tut alles für Sie: Die «Für Sie»-Frau

Schon von außen unterscheidet sich die Zeitschrift *Für Sie* ein wenig von den bisher behandelten Frauenblättern. Die Titelmädchen sind nicht immer ganz so «glossy» herausgeputzt wie bei der Konkurrenz. Steht eine Diät auf dem Programm, zeigen sich die Cover-Girls in Bewegung, und naht die Weihnachtszeit, so haben sie schon einmal eine Schürze um und eine Rührschüssel unterm Arm. Ganz offenkundig ist *Für Sie* nicht das Hausblatt der aufstrebenden Karrierefrau oder der sorglos-gelangweilten Müßiggängerin, sondern wendet sich an die tüchtige Hausfrau – das gepflegte Muttchen eben.

Mode ist beileibe nicht alles für sie. Aber so, wie sie stets darauf bedacht ist, ihren Haushalt in einem untadeligen Zustand zu halten, widmet sie auch der Zusammenstellung ihrer Garderobe einige Zeit und Mühe. Dabei ist sie eine Anhängerin des Prinzips vom goldenen Mittelweg: Auf keinen Fall flippig oder ausgefallen, aber auch nicht zu bieder oder gar von vorgestern.

Eine Hausfrau, die ihren Job ernst nimmt, hat natürlich nicht immer, wenn ihr danach ist, Zeit für einen Stadtbummel. Den ersetzt ihr dann das Blättern in ihrem Lieblingsmagazin – oder aber der Griff zum Versandhauskatalog. Von diesen heimlichen Bestsellern kommen ihr mindestens zwei, meistens aber mehr ins Haus. Da kann frau auch zwischen Bettenmachen und Wäschewaschen schnell mal einen Blick auf die modischen Verheißungen des kommenden Sommers werfen.

Das gepflegte Muttchen hat eine Abneigung gegen alles Laute, Grelle, Aufdringliche. Was immer die Modemacher sich an Knalleffekten ausgedacht haben, für sie wird es etwas gedämpft. Die Farben sind sparsamer dosiert; Beige, Weiß und Pastell haben immer Saison. Hoch im Kurs, egal, woher der modische Wind weht, sind dezente Blümchenmuster, unaufdringliche Karos und Feingestreiftes. Schlichte Schnitte, modderate modische Gags und auf keinen Fall extreme Längen (oder Kürzen) zeichnen die Basisgarderobe der typischen *Für Sie*-Frau aus. Damit wird dann, bevorzugt Ton in Ton, vorwiegend klassisch kombiniert – damit kann frau einfach nichts falsch machen.

Um aber der Eintönigkeit zu entgehen, wird tief in die Trickkiste der Accessoires gegriffen. Hier darf es schon mal etwas bunter und gewagter zugehen. Handtaschen, Halstücher, Seidenschals, Spitzenhandschuhe und Sonnenbrille machen mit, was auch am gepflegten Muttchen nicht vorbeigeht: die wichtigsten Trends der neuen Saison. Den Traum, damit preiswert zu einem neuen Look kommen zu können, hat sich aber so manche wieder abschminken müssen. Wenn das Kleider-Budget erschöpft ist, kommen neben Sparsamkeit auch andere hausfrauliche Tugenden zum Einsatz. Handarbeiten sind dann angesagt: Feine Pullis mit komplizierten Mustern für Könnerinnen, kecke Jäckchen, mit dickem Garn schnell genadelt, für die Anfängerinnen, die noch nicht auf einen Schatz selbstgestrickter Pullis in sämtlichen Modefarben der vergangenen Jahre zurückgreifen können. Genäht wird auch, aber nicht mit der heißen Nadel und für den vorübergehenden Gebrauch, sondern wie im Nähkurs: mit Schnittmuster zum Ausradeln, ordentlich vorgereihten Nähten und penibel abgesteckten Säumen. Was anderswo als Kreativitätsnachweis gilt – das unverkennbare Flair des Selbstgemachten! –, wird vom gepflegten Muttchen nicht angestrebt: Womöglich könnte ja ein Betrachter denken, die Hausarbeit würde sie nicht auslasten.

Für sie ist es auch in Sachen Schönheit wichtig, alles richtig und es jedem recht zu machen. Dafür gibt es schließlich die Rubrik «Lassen Sie sich beraten!». Da wird dann auf so essentielle Fragen wie «Was ziehe ich an zum Sport?», «Wie bin ich auf Geschäftsreisen korrekt gekleidet?» oder «Wie verwandele ich meine Frisur für den Abend?» geantwortet: «Sportkleidung aus atmungsaktivem Stretchstoff», «Mit einer dreiteiligen Kombination aus Blazer, Rock und Hose» und «Kneten Sie Ihr Haar mit Schaumfestiger locker in Form». Hätten Sie's gewußt?

Lebensraum

Das gepflegte Muttchen ist in aller Regel, wir erwähnten es schon, eine tüchtige Hausfrau. Als Vorsteherin eines Musterhaushalts teilt sie ihre Wohnung meist mit einer bundesdeutschen Normalfamilie: ein Mann, zwei Kinder, ein Haustier. Kompromisse beim Einrichten sind da unvermeidlich. Die wird sie aber gerne eingehen, denn die Harmonie, die geht ihr über alles.

So werden Sie im trauten Heim eines gepflegten Muttchens nie auf kühne Kontraste, radikale Raumlösungen oder freche Farbzusammenstellungen stoßen. Gemütlichkeit schreibt sie ganz groß. Eine Eckbank am Eßtisch, stimmungsvolle Pseudo-Petroleumlampen, ein imitierter Bauernschrank als Flurgarderobe – das ist gemütlich und solide. Doch zuallererst hat alles praktisch zu sein. Dem Eßtisch dürfen die Kleckereien der lieben Kleinen nichts ausmachen. Mit einer geschmackvoll gemusterten Wachstuchdecke ist er schön geschützt. Gardinen müssen pflegeleicht, Oberflächen wischfest und Teppichböden fleckenunempfindlich sein. Bei Sofas, Schränken und Sideboards ist entscheidend, daß man mit dem Staubsauger darunterkommt. Sind diese Grundvoraussetzungen gegeben, geht das gepflegte Muttchen ans Verschönern des Heims. Eine bunte Decke fürs Bett, ein praktischer Tisch für die Küche, ein gemütliches Polster für den Korbsessel – das sind Bastelarbeiten so recht nach ihrem Geschmack. Hauptsache, man muß die Wohn-Accessoires nicht kaufen, sondern kann sie selbermachen. Das spart Geld und hilft die Stunden des Wartens auf das Heimkommen der lieben Familie zu verkürzen. Und es gibt der Einrichtung so eine individuelle Note.

Mit das Wichtigste für das gepflegte Muttchen ist – freilich! – eine glänzende Küche. Schließlich ist das ihr Arbeitsplatz! Sehr im Trend ist Edelstahl. Da stört zwar jeder Fleck und jeder Wassertropfen, aber das gibt Muttchen eben auch die Gelegenheit, Aufwallungen von Putzfieber hemmungslos auszuleben. Großer Beliebtheit erfreuen sich auch Schachteln aller Art. Da bringt das Aufräumen richtig Spaß! Solche Kästen, farblich auf die Einrichtung abgestimmt, fassen die Weihnachtsdekoration ebenso wie das Brautkleid und andere selten getragene Kleidungsstücke. Sie passen in jedes Schlafzimmer, bringen zusätzlichen Stauraum (davon kann frau nie genug haben!) und füllen auch noch die letzte ungenutzte Ecke.

Nach der Pflicht – die Hausarbeit! – kommt für das gepflegte

Muttchen die Kür: Stimmung in die Wohnung zaubern! Wenn der Frühling die schönsten Blüten treibt, werden ein paar Stile so lange kunstvoll arrangiert, bis auch der unsensibelste Ehemann merkt, daß der Lenz ins Land steht. Fürs Osterfrühstück werden nicht nur Eier gefärbt und Häschen gebacken, sondern auch schnell noch ein paar Servietten und eine neue Tischdecke genäht: Passend zum Anlaß in Spiegelei-Form.

So werkelt sie durch's ganze Jahr, immer nach dem Motto: Wenn frau keine Arbeit hat, dann macht sie sich eben welche!

Verhalten und Lebensraum

Der auffallendste Zug am gepflegten Muttchen: Sie sorgt sich. Sie kann nicht anders. Sie sorgt sich um das Wohl ihrer Lieben, leiblich wie sonstig, sie sorgt sich um den beruflichen Erfolg ihres Mannes, um seine Fitness für das Überleben in der rauhen Männerwelt, und sie sorgt sich um ihren Jüngsten, weil er seit drei Wochen zu allem nur noch «Scheiße» sagt. Und wenn sie noch keinen Mann und keine Kinder ihr eigen nennt, dann sorgt sie sich eben um ihre Chancen auf dem Heiratsmarkt.

Das gepflegte Muttchen hat ein ausgeprägtes Harmoniestreben – dessen Auswirkungen haben wir in dem Kapitel «Aussehen» schon angesprochen. Weiterhin möchte das gepflegte Muttchen alles richtig machen, um nicht aus der Rolle zu fallen (nichts wäre ihr unangenehmer). Daher hat sie auch eine sehr feste Vorstellung von der richtigen Reihenfolge. Wird diese durcheinandergebracht, dann reagiert sie hilflos. Also: Immer schön eines nach dem andern.

Mal angenommen, das gepflegte Muttchen ist noch gar nicht Mutter, sondern hat gerade erst den Grundstein zu dieser Karriere gelegt: Sie wird sich also einen jungen Mann ausgeguckt haben (der ruhig ein wenig älter sein darf als sie), dem sie außersprachlich (vielleicht ein Augenaufschlag à la Inge Meysel?) signalisiert, daß sie umworben werden will. Überstürzte Anbandelei ist nun ihre Sache gar nicht. Sie hat's gern traditionell: erst eine Einladung ins Kino, später eine, oder besser: mehrere zum Essen (auswärts!!). Dafür wird sie sich – zu gegebener Zeit

– revanchieren mit einem Essen bei Kerzenschein, selbstgekocht und bei ihr zu Hause. Dazu möchte sie Blumen mitgebracht haben, aber – bitt' schön – nicht irgendwelche! Sondern: genau die Richtigen! (Aus ihrem Leib- und Magenblatt weiß sie einiges über die Sprache der Blumen.) Der nächste Schritt: ein formvoller Antrag, wobei sie allerdings darauf besteht, daß er nicht über ihren Kopf hinweg geschieht. Wer gleich zu ihrem Vater rennt und um die Erlaubnis bittet, die Tochter ehelichen zu dürfen, hat bei ihr völlig verspielt. Schließlich ist sie eine moderne, aufgeschlossene Frau von heute, die über ihr Leben selbst bestimmt.

Nun ist sie also verlobt! Da gibt es eine Menge zu bedenken. Eine Wohnung muß gesucht und eingerichtet werden – auf Zuwachs. Denn Nachwuchs ist – was sonst? – fester Bestandteil ihres Lebensplans. Solange der aber noch nicht da ist, wird sie nach Kräften ihren Liebsten bemuttern. Sie weiß, daß nichts einen Mann so zuverlässig bindet wie die Fähigkeit, ihm den Wunsch nach seinem Leibgericht von der Stirn abzulesen. Mit der geschickten Planung des Speisezettels für die nächsten beiden Wochen stellt sie unter Beweis, daß sie nicht nur einen Haushalt organisieren, sondern auch das Haushaltsgeld beisammen halten kann. Heimlich legt sie davon etwas beiseite, kauft damit Wolle und überrascht ihren Schatz mit einem selbstgestrickten Pullover. Nach der Hochzeit beweist sie ihm täglich aufs Neue, daß sie die ideale Karrierebegleiterin für ihn ist. Sie merkt sich die Namen all seiner Kollegen und fragt öfter mal nach ihnen. Außerdem kümmert sie sich – und das überaus rührend – um seine Garderobe. Jeden Abend legt sie ihm ein frisches Hemd bereit (deren Einkauf sie auch übernimmt), sucht die passende Krawatte dazu aus und vergewissert sich, daß seine Schuhe Glanz haben. Sie kauft ihm ein neues Rasierwasser und zeigt ihm ihre *Für Sie* immer dann, wenn da ein gutgekleidetes Mannsbild zu sehen ist. Um ihn für Mode zu interessieren, nimmt sie ihn immer mit, wenn sie sich etwas Neues zum Anziehen kauft. Schließlich will sie ja ihm gefallen!

Auch seine Ernährung nimmt sie in die Hand. Seine Vorliebe für dicke, blutige Steaks versucht sie ihm auszutreiben. Das ist viel zu ungesund. Auch wenn sie weiß, daß er Körnerfutter und Grünzeug nicht ausstehen kann, schiebt sie ihm immer mal wieder einen leckeren Vollwert-Auflauf hin. Und wenn er nicht einsehen will, daß das gut ist für ihn, begründet sie die fleischlose Kost mit ihrer sparsamen Haushaltsführung. Dafür gibt's auch einen leckeren Nachtisch, wenn der Teller leer ist. Öfter mal überrascht sie ihn, wenn er müde aus dem Büro kommt, mit einem romantischen Abendessen: Kerzen und Blumen auf dem Tisch, ein Gläschen Sekt vor dem Essen – und das alles an einem ganz gewöhnlichen Mittwoch. Ja, frau muß was tun, wenn die Liebe jung bleiben soll.

Ist die Liebe aber doch eines Tages alt geworden und hat das gepflegte Muttchen sich zu beklagen über ihren Mann, so weiß die *Für Sie* sicher Rat. Dort erfährt das gepflegte Muttchen alles über die Fehler der Männer: Sie sind wehleidig, sie sind eitel, sie halten nichts von Gleichberechtigung, sie verbergen ihre Gefühle, sie rasieren sich am Wochenende nur widerwillig und sie sind phantasielos und nicht zärtlich genug. Wird sich daran denn nie etwas ändern? Wie kriegt frau dieses Problem in den Griff? *Für Sie* empfiehlt: «Machen Sie keinen großen Unterschied zwischen Ihrem Fünfjährigen und Ihrem Mann. Dann kommen Sie ganz gut zu recht. Und nehmen Sie es mit Humor. Die Männer sind nun einmal Kindsköpfe.»

Außerdem hat ein gepflegtes Muttchen noch was anderes zu tun, als sich den Kopf über ihre Ehe zu zerbrechen. Schließlich bleibt der ganze Haushalt an ihr hängen, und seit die Kinder aus dem Gröbsten heraus sind, geht sie auch wieder halbtags ins Büro. In Haus und Garten gibt es auch immer eine Menge zu tun: Die Spinnmilben am Efeu müssen bekämpft und die Begonien durch Stecklinge vermehrt werden (spart viel Geld, auch wenn es eine Menge Zeit kostet!). Der Hund hat Flöhe, die Mahagonikommode einen ärgerlichen Kratzer und die Gardinen einen Grauschleier. Um alles muß sie sich kümmern – selbst und ganz allein. Denn die Kinder wollen einfach nichts im Haushalt tun, und bevor sie ihrem Mann das Bügeleisen in die Hand gibt und riskiert, daß er mit verdrücktem Kragen am Hemd und Verbrennungen zweiten Grades in die Firma geht, bügelt sie doch lieber selbst und schimpft nur ein bißchen über ihre verwöhnte Familie.

Aber im Grunde liebt sie es ja so wie es ist – und würde es gar nicht anders haben wollen. Es ist schon ein schönes Gefühl, von den Lieben so gebraucht zu werden. Und wenn sie ehrlich ist: So ein Leben, nur für den Beruf – das wäre nichts für sie. Man/frau hört ja soviel über diese modernen Karrierefrauen. Aber ob die jemand heiraten will? Nein, für ihre gesicherte Hausfrauenexistenz nimmt sie ein paar kleine Nachteile gern in Kauf. Zum Beispiel, daß die Kindererziehung ganz an ihr hängenbleibt.

Hat sie etwas falsch gemacht, daß die Kleine nicht mehr richtig essen will? Ist es beunruhigend, daß der Älteste lispelt? Ab wann darf ein Mädchen einen Freund haben? Alles Fragen, auf die sie bestimmt eine Antwort bekommt, wenn sie sich nur vertrauensvoll an «ihre» Zeitschrift wendet. Die sagt ihr ja auch, wie sie eine gute Zuhörerin wird («Lassen Sie Ihren Gesprächspartner ausreden und fallen Sie ihm nicht ins Wort.»), was sie als Gastgeberin zu beachten hat, wenn ihr Mann seinen Chef zum Essen einlädt, wie sie guten Kontakt zur Nachbarschaft herstellt – und auch, warum Umweltschutz jeden etwas angeht. Über das fehlende Prickeln in ihrem Leben tröstet sie sich mit der Lektüre der Liebesgeschichte in ihrem Leib- und Magenblatt («Ich werde immer da sein, wenn du mich brauchst»), und sie nimmt sich ganz fest vor, in drei Wochen mit ihrem Mann übers Wochenende zu verreisen (*Für Sie* hat da so ein nettes Hotel in einer hübschen Kleinstadt empfohlen). Und wenn ihr Selbstbewußtsein mal ganz darniederliegt, richtet sie es wieder auf, indem sie sich sagt, daß ihr Mann niemals und nirgends eine finden würde, die – so wie sie – alles für ihn tut.

Wenn Sie, lieber Leser, sich also nichts sehnlicher wünschen, als so richtig umsorgt zu werden: Das gepflegte Muttchen ist *die* Frau für Sie!

Die ultramoderne, kosmopolitische Frau: Das Cosmo-Weibchen

Wie ihre polyglotten Schwestern ist die deutsche *Cosmopolitan* am anglo-amerikanischen Vorbild orientiert. Und wie kleine Schwestern nun mal so sind, wenn sie sich gegen starke

Konkurrenz behaupten müssen, riskiert sie schon mal eine kesse Lippe.

Vornehme Zurückhaltung ist nicht angesagt. Das Titelblatt lockt mit Lust, Liebe, Leidenschaft und lockeren Sprüchen. Und mit Frauen, die außer einem hübschen Gesicht auch einen gutgebauten Körper vorzeigen – am liebsten in hautengen Klamotten.

Mode ist für das Cosmo-Weibchen so selbstverständlich, daß sie im Heft nicht an erster Stelle steht. Aber da eine internationale, ja kosmopolitische Frau natürlich nicht in Sack und Asche oder einfach in Pulli und Jeans in der Weltgeschichte herumjetten kann, wird ab Seite 100 ordentlich losgefetzt. Da wird in üppigen Stoffen geschwelgt, mit Folklore geflirtet und es dabei immer heftig mit dem Luxus getrieben: Mode für Frauen mit Grandezza – und solchen auf dem Weg dorthin. Da wir es mit einer kosmopolitischen, also weitgereist-hypermodern-zeitgemäßen Frau zu tun haben, ist das Neueste aus Paris, London und Mailand gerade gut genug. Das Cosmo-Weibchen liebt die globusumfassende Verkleidung. Sie geht als African Queen – mit bauchfreiem Tiger-Top, greift indisch-inspiriert zum Seiden-Sari, liebt den Glamour – Samt hautnah, Dekolleté abgrundtief, Glitzer satt. Das Rasseln mit schwerem Schmuckbehang hält sie für perfektes Understatement, aber da hat sie vielleicht doch etwas nicht ganz richtig verstanden. Kurze, gestrickte Strandanzüge kombiniert sie kühn mit langen schwarzen Fransen, durchsichtige Chiffon-Röcke stehlen der nackten Schulter die Show, Heavy-Metal-Chic mit güldenen Nieten von Kopf bis Fuß garantiert den Star-Auftritt am Abend.

Geschlossen geht sie zum Strand, sprich: im Badeanzug. Denn Bikini oder gar Tanga tragen nur noch die Landpomeranzen. Und einteilig ist nicht eintönig. Das Cosmo-Weibchen zeigt die perfekte Form und beste Proportionen, aufregende Rückenansichten und schwindelerregend hohe Beinausschnitte. Das geht natürlich nur mit Top-Figur, Super-Haut und unter Einsatz großer Mengen Enthaarungscreme.

Wem sich nun die Frage aufdrängt, ob das Cosmo-Weibchen derart extravagant gewandet auch ins Büro geht, der sei beruhigt: Entweder sie kann es sich leisten – *she's the boss!* – (oder

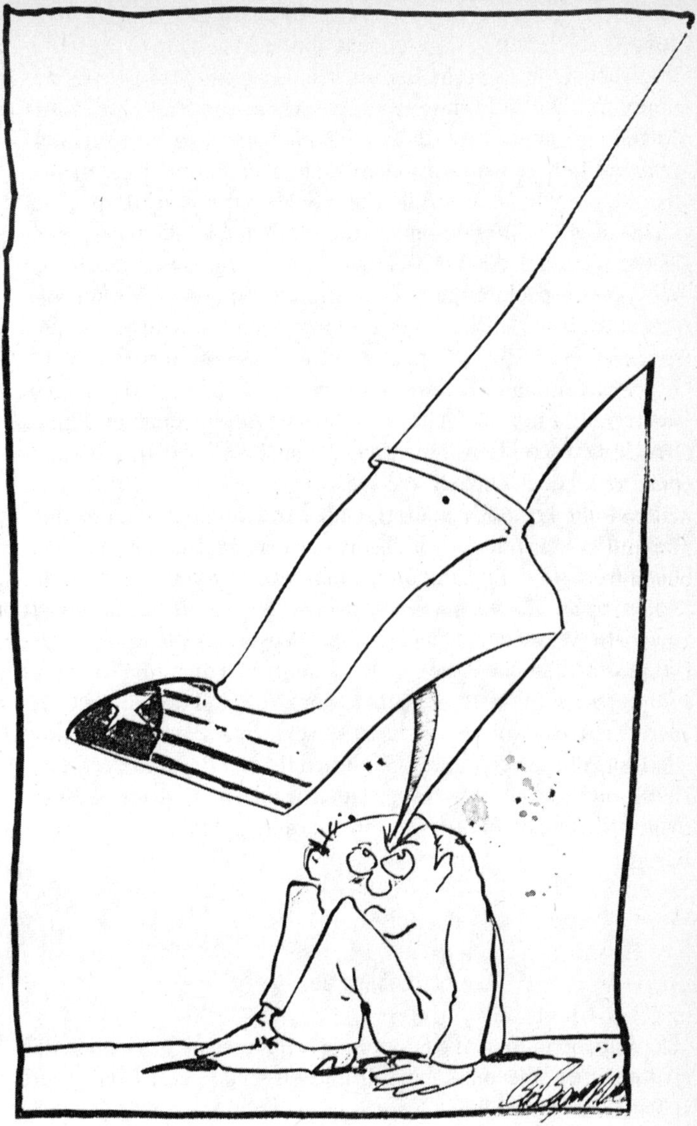

sie kann es sich leisten, gar nicht ins Büro zu gehen) oder aber sie geht da solcherart gewandet nicht hin. Denn einer der Hauptinteressen dieser hypermodern-internationalen Frau ist die Planung und Durchführung des beruflichen Aufstiegs, gemeinhin Karriere genannt. Und für den *dress for success* existieren international gültige Konventionen: Ohne Kostüm geht gar nichts. Die Macht von Nadelstreifen und Schleifenblusen ist ungebrochen. Aber die internationale Frau weiß, daß letztlich der Inhalt zählt, während die Verpackung das Interesse weckt. Und so kann die Verpackung gar nicht raffiniert genug sein. Warum also nicht sehr hohe Hacken zum dezenten Tuch? Und nirgends steht geschrieben, daß ein Rock nicht auch deutlich oberhalb des Knies enden kann. Dezentes Make-up? Da könnte Mann sie ja übersehen. Ein praktischer Kurzhaarschnitt? Viel zu maskulin. Und kurzgeschnittene Fingernägel ohne Lack? Wozu? Zum Tippen hat sie doch einen Sekretär!

Auch die Freizeitkleidung ist außerordentlich zweckdienlich. Beim Cosmo-Weibchen muß man sich nicht fragen: *«Why all the advertising, if it's not on the market?»* (Frei übersetzt: «Mal sehen, ob sie hält, was sie verspricht?») Sie wird es zumindest zu beweisen versuchen. Denn wie in der Vogelwelt (da sind es allerdings die Männchen, die sich herausputzen!) dient die Kleidung des kosmopolitischen Weibchens ganz klar und unmißverständlich der Attraktion des anderen Geschlechts. Paarung heißt die Parole! Allerdings können Garantien für den Bestand der Beziehung nicht gegeben werden. Denn wählerisch ist das Cosmo-Vollweibchen nicht nur, was ihre Garderobe betrifft.

Lebensraum

Der Lebensraum der kosmopolitischen Frau ist – das liegt in der Natur ihres Wesens! – überall und nirgends. Sie ist auf Capri ebenso zu Hause wie in Kassel, nur eben in Kassel ein bißchen länger. Sie bewegt sich zwischen den Niederländischen Antillen und Niederbayern, zwischen Singapur und dem Siegerland, zwischen New York und Neukölln mit der souveränen Selbstverständlichkeit der Weltbürgerin – doch ihre feste Adresse gibt sie nur ungern preis. Demzufolge zeigt sie sich auch an der Einrichtung eines kuscheligen Nestes nur mäßig interessiert. Vielleicht weiß sie, daß die eigentlichen Werte des Lebens andere sind als Nestwärme und Gemütlichkeit? Vielleicht hält sie es für Verschwendung, in eine Wohnung zu investieren, die sie doch nur zum Schlafen oder zum Kofferpacken aufsucht? Wozu eine Wohnung ausschmücken, wo ihr doch im Grunde die ganze Welt gehört? In Einzelfällen kann es durchaus sein, daß der aufwendige aushäusige Lebenswandel einfach kein Einrichtungsbudget erlaubt. Und ein anderer denkbarer Grund: Das Cosmo-Weibchen ist im Berufs- und Privatleben so etabliert, daß es auch in der Wohnung nichts mehr einzurichten gibt.

Wer sein Wohnzimmer in die Öffentlichkeit verlegt hat, ist natürlich dankbar für jeden Tip, was der Trend an Tavernen und Trattorias, Bars und Bistros gerade favorisiert. Da frau zu Hause schon alles kennt, werden die In-Lokale des Auslands gern besprochen und bewertet – womit frau zunächst einmal klarstellt, welch weiten Begriff von «zu Hause» sie hat. Vorzugsweise solche mit Familienanschluß, denn sich auf Reisen tatsächlich wie eine Touristin behandelt fühlen, paßt nicht zum Selbstverständnis der internationalen Frau. «Die Welt ist klein» und «Wir sind alle eine große Familie»: Diese Überzeugungen lassen sie dahin pilgern, wo Muttern kocht und Vatern kassiert, auch wenn es nur Adoptiveltern für die Dauer eines Urlaubs sind. Als Alternative zu einem solchen Familienersatz kommt nur noch ein Etablissement in Frage, wo frau sich ganz zwanglos unter die prominenten Gäste mischen kann. Wer wird da seine Zeit, sein Geld und seinen Einfallsreichtum auf wenige Quadratmeter häuslicher Umgebung konzentrieren? Viel interessanter ist es doch, sich im Glauben zu wähnen, überall ein gerngesehener Gast zu sein, was einem unter anderem die Gelegenheit gibt, sich bei anderen Leuten ganz wie zu Hause zu fühlen.

Das Cosmo-Weibchen lebt und liebt weltweit. Allerdings nur, sofern ihr Job, ihr eigentlicher Lebensinhalt, ihr Zeit dazu läßt. Karriere für Vollblutfrauen, darunter tut sie es nicht. Die Anstiftung zum großen Aufstieg, fester Bestandteil einer jeden Ausgabe des Magazins für die internationale Frau, grundiert auch noch den beiläufigsten Elite-Tip («Setzen Sie Ihre Umzugskosten von der Steuer ab.»). Und alles, alles dient dem Zweck, den Männern ein Stück von ihrer Macht abzunehmen. Von der Macht im Berufsleben, muß man ergänzen. Denn was ein echtes Cosmo-Weibchen ist, das ist sich der Tatsache, die Männer immer und überall in die Tasche stecken zu können, durchaus bewußt. Diese Frau, weltgewandt, wie sie nun mal ist, macht von ihrer Macht über das angeblich starke Geschlecht virtuos Gebrauch – glaubt sie. Durchblick ist das halbe Leben, und was den betrifft, läßt sie sich in Sachen Männern von keiner das Wasser reichen. Sie kennt ihre Pappenheimer: Auf Konferenzen und Kongressen, in der Chefetage und beim Geschäftsessen hat die ambitionierte Karrierefrau Studienobjekte aller Art stets vor Augen.

Aber das allein kann es nicht sein. Wie Management auch lernt sich der Umgang mit der Männerwelt am besten in der Praxis. Und davon hat sie reichlich absolviert. Schließlich ist sie nicht mehr die Allerjüngste. Daß man ihr das auch ansieht, grämt sie keineswegs. Im Gegenteil. Sie findet, daß sie heute viel besser aussieht als mit dreißig, viel ausdrucksvoller. Reifer eben und erfahrener. Einzelne altersbedingte Mängel – Fältchen, hängende Augenlider, ein paar Krähenfüße – erschüttern nicht grundsätzlich ihr Selbstbewußtsein. Sie steht zu ihrem Körper und zu ihren Jahren. Aber warum nicht richten, was sich richten läßt, warum nicht den Busen etwas straffen, die Lider etwas raffen? Schönheitsoperationen kalkuliert sie so nüchtern durch wie fällige Reparaturen an ihrer Wohnung. Das eine wie das andere ist eine Frage nach der Kosten-Nutzen-Relation, erfordert ein wenig Sorgfalt bei der Organisation wie die Inkaufnahme einiger vorübergehender Unbequemlichkeiten. Und wenn es Erfolg verspricht, wird das Projekt in Angriff genommen.

Dabei ist auch die Cosmo-Frau nicht immerzu und überall nur rational und kopfgesteuert. Besonders im Urlaub schafft sie es von einem Tag auf den andern, die Karriere Karriere sein zu lassen und sich ganz dem Hier und Jetzt hinzugeben. Bei wem es jetzt klingelt im Kopf, wer annimmt, da wieder nur eine Lady auf dem Esoterik-Trip vor sich zu haben, der kann beruhigt werden. Damit hat die Cosmo-Frau nichts, aber auch gar nichts am Hut. Was Voodoo ist, hat sie sich angeschaut, als sie vor Jahren, lange bevor alle anderen es taten, zum erstenmal in der Karibik war. Und nie würde sie die kostbaren Wochen des Jahres für einen Rebirthing-Workshop drangeben. Heilsbringer, die das Blaue vom Himmel versprechen, ohne rot zu werden, hält sie ebenso für Quatsch wie das Gefasel vom Wassermannzeitalter. «Der Weg ist das Ziel»? Nein, sie hat da ganz andere, viel handfestere Dinge vor Augen. Zum Beispiel eine klare Vorstellung davon, wann die nächste Gehaltserhöhung fällig ist und was die bringen soll. Über all die New Age-Jünger macht sie sich bei passender Gelegenheit lustig. Und da sie weder auf den Kopf noch auf den Mund gefallen ist, gönnt sie sich gern mal ein Stündchen Geläster über Gurus und Gestalttherapie, über Tantra, Teezeremonien und Tarot. Sie hört sich schon ganz gern reden, die Cosmo-Frau, und wenn sie einen Lacherfolg wittert, schreckt sie auch vor dem alten Witz nicht zurück, daß sie mittlerweile schon gelernt habe, daß Telekinese kein Nachrichtensprecher aus Peking ist.

Ansonsten zählen für sie nur Fakten. Und wenn sie auf ihren Heilpraktiker und seine Quaddeltherapie schwört (das einzige, was gegen ihre Migräne hilft), dann ist das kein Aberglaube, sondern schlicht etwas, wofür die Wissenschaft nach heutigem Erkenntnisstand noch keine endgültige Erklärung hat. Und wer ihr vorwirft, da messe sie mit zweierlei Maß, den hält sie für streitsüchtig. Und sie streitet nun wirklich nicht mit jedem.

Doch um noch mal auf den Urlaub zurückzukommen: Das ist eine ihrer weitaus zweitliebsten Aktivitäten. Denn da bietet sich reichlich Gelegenheit, ihrer Lieblingsbesessenheit nachzugehen: Männer rumkriegen. Gern ist sie dort, wo die Reichen die Schönen küssen, in den Paradiesen des Dolcefarniente und der Dekadenz. Deshalb steht auch die Karibik bei ihr so hoch im

Kurs. Unkomplizierter als die Menschen dort geht kaum jemand mit seinem Liebesleben um – sie muß es wissen, denn auch in dieser Hinsicht hat sie so ihre weltweiten Erfahrungen. Und in drei Wochen auf Jamaika läßt sich wirklich eine Menge nachholen von dem, was sie zu Hause verpaßt, wenn sie lange Stunden Konferenzen und Meetings absitzt. Selbst ist die Frau. Und phantasiebegabt. Und potent genug, auch mal einen Herrn für seine Dienste stundenweise zu bezahlen – Leistung muß sich wieder lohnen. Denn was ist, nicht nur im Job, ihre Maxime? Die Kosten-Nutzen-Relation muß stimmen.

Die Cosmo-Frau fordert Puffs für Frauen deshalb nicht aus säuerlichem Emanzipationsbedürfnis heraus, sondern schlicht nach dem Lustprinzip. Eine Frau, die herumgekommen ist, weiß eben, was sie will. Und zu den Dingen, die sie so nötig braucht wie einen Kropf, gehören Herzschmerz, Liebeskummer, Gefühlswirrwarr – und das ganze sentimentale Zeug. Und schon gar nicht zur falschen Zeit. Obwohl ihr das ja immer mal wieder passiert. Da hat sie Ärger in der Firma bis über beide Ohren, bräuchte das bißchen Freizeit zum Ausruhen – und dann trifft es sie wie der Blitz aus heiterem Himmel. Unvermutet taucht ein Objekt ihrer Begierde auf, und fortan kommt sie überhaupt nicht mehr zum Schlafen: Herzflimmern bringt auch ein hartgesottenes Cosmo-Weib aus dem Tritt. Plötzlich fühlt sie sich auf ihre alten Tage wieder wie ein Backfisch – und benimmt sich auch so. Ihr wird schlagartig klar, daß sie die ganze Zeit auf Sparflamme gelebt hat und ihr Leben ohne große Emotionen verlief. Das ist nun anders. Ganz anders! Und irgendwo im Hinterkopf taucht die Frage auf, ob es sich eigentlich lohnt, alle Kraft auf die Karriere zu konzentrieren. Soll sie nicht lieber ihre Koffer packen und dem Mann ihres Herzens in den Sudan folgen, wo er übernächsten Monat einen Entwicklungshilfeposten bezieht? Soll sie nicht spontan und nur nach ihrem Gefühl ...?

Nein, soll sie nicht. Wird sie auch nicht. Dafür hat sie nicht jahrelang hart gearbeitet, um jetzt alles dranzugeben – für die Liebe. Was ist das schon, die Liebe? Und was sollte sie den ganzen Tag tun, irgendwo im Sudan? Nein!

Sie wird ihren Lover zum Flughafen bringen. Dann wird sie das ganze Wochenende im Bett bleiben und all den Schlaf nachholen, den sie in den letzten Wochen versäumt hat. Denen im Büro wird sie die Krallen zeigen. Und abends wird sie die Füße hochlegen, im neuen *Cosmopolitan* blättern und sich an der Verbal-Erotik ergötzen, für die sie dieses Blatt so schätzt. Und ganz zufällig fällt ihr Blick aufs Horoskop: «Dieser Monat bringt den großen Frühjahrsputz in Sachen Liebe und Partnerschaft. Ziehen Sie jetzt endgültig einen dicken Schlußstrich!» Na bitte!

Hat da vorhin jemand gesagt, sie sei abergläubisch? Na, dafür ist sie als Widder doch viel zu rational!

Es war schon immer etwas teurer: Elle en Vogue

Mit 5 Mark sind Sie noch lange nicht dabei: Eine ganze Reihe teurer Magazine bietet der Frau von heute alles für den gehobenen Lifestyle. Bei allen feinen Unterschieden zwischen den einzelnen Blättern haben sie eine Vorliebe für die französische *l'art de vivre* gemeinsam, die auch in den Namen anklingt: *Vogue, Elle, Viva* et cetera.

Aussehen

Beim Äußeren, beim optischen Outfit, fängt der Lifestyle an, und der drückt sich nicht in Kleidung aus, die um jeden Preis auffällt – und sei es um den der Geschmacklosigkeit. Der gute Ton und der gefällige Geschmack – ohne die geht gar nichts. Das Motto der teuren Schönen: Das Leben ist kompliziert genug – wir wollen den einfach schönen Look. Da halten sie es mit Oscar Wilde und haben einen ganz einfachen Geschmack: Für uns ist das Beste gerade gut genug!

Mode beginnt auf der Haut – und die ist bekanntlich sensibel, in diesem besonderen Fall gar besonders empfindlich. Kunstfasern verträgt sie gar nicht, grobe Stoffe beleidigen sie. Also bleiben nur noch Seide, Leinen, Cashmere und Leder. Sinnlich, sachlich, sexy sind die Stücke, die den Kleiderschrank der *Vogue-*, *Elle-* und *Viva*-Leserinnen füllen. Intensiv, aber nicht aufdringlich – das gilt nicht nur für die Farben. Starke Wirkung ohne Anstrengung läßt sich mühelos erreichen, wenn frau edelschlichte Sachen ihr eigen nennen kann. Wie gesagt, es war schon immer etwas teurer...

Mit einem billigen Fähnchen aus dem Kaufhaus muß man schon eine Menge anstellen, um ihm den Wühltisch-Look auszutreiben. Was aber eine echte Viva-Diva ist, die gebraucht ihren schönen Kopf lieber für etwas anderes, als ihn sich darüber zu zerbrechen, wie sie ein Sonderangebot in einen herzeigbaren Outfit verwandeln kann. Aber auch sie ist nicht gefeit gegen die Versuchung, neben den essentiellen Basisteilen auch jede Saison einen Satz neuer Accessoires zu erstehen, mit denen frau sodann die alten Stücke modisch aufwerten kann. Handschuhe, Ohrclips, Schals und Taschen kommen aus Paris (woher sonst?) und kosten etwa so viel wie andere Leute für eine komplette neue Sommergarderobe ausgeben. Da die Kleidungsstücke immer von dezenter Eleganz sind, darf beim schmückenden Beiwerk ein wenig dicker aufgetragen werden. Und auch, wenn man den Designern-Klunkern nicht mehr ansieht, wie teuer sie waren, so gilt doch um so mehr das schöne Bewußtsein, daß sie von Yves Saint Laurent sind! Ja, die Modejuwelen wirken bisweilen wie aus dem Orient mitgebrachter Hippieschmuck, aber das sieht nur so aus. Insider (und nur auf die kommt es an) erkennen auf den ersten Blick, ob etwas aus der Grabbelkiste vom Flohmarkt stammt oder aus der feinen Rue Cambon.

Wie antwortete doch Marilyn Monroe auf die Frage, was sie denn im Bett trüge, so schön: «Einen Hauch Chanel und sonst gar nichts.»

Angesichts der Preise für ein Paar Ohrringe dieser Marke könnte es einem schnell ebenso ergehen, verfügte man nur über ein knappes Kleiderbudget. Aber diese Sorgen scheinen Vogue-Vamps, Mademois-Elles und Viva-Diven nicht zu haben. Portemonnaie und Prestige – diese Begriffe sind in ihren Kreisen so eng verknüpft wie Spinat und Spiegelei beim gemeinen Volk. Hält frau sich beim Einkauf an die bewährten Nobelnamen, kann frau sich getrost modisch in die Wüste schicken lassen, dann kann sie unsere Breitengrade mit afrikanischen Mustern erfreuen, kann Kleider, zum Vorführen schön, aussuchen oder

sich von Kopf bis Fuß im Golf-Dress ausstaffieren. Wichtig ist nicht so sehr, was, sondern wo frau einkauft.

Die Gefahr, wie eine höhere Tochter auszusehen, ist dabei natürlich recht hoch. Manche Versuche, dem zu begegnen, enden damit, daß frau mit teuren Designer-Lumpen aus ihrer Lieblingsboutique kommt. Aber auch diese Stücke sind teuer, von entsprechender Qualität und demzufolge unverwüstlich.

Was tut eine Dame mit teurem Geschmack, wenn ihre Sachen zwar noch gut erhalten sind, sie sie aber nicht mehr sehen kann? Sie trägt sie in den Second-Hand-Laden, sehr zur Freude aller, denen es an den Mitteln gebricht, den Reiche-Leute-Look aus erster Hand zu erwerben. Die Einbuße an topmodischer Aktualität wird dabei gern in Kauf genommen. (Ließ nicht der englische Landadel seine Sachen vom Personal «eintragen», weil erst ein leicht abgetragener Eindruck den teuren Stücken den letzten Chic verlieh?)

Seien Sie also nebenbei gewarnt vor solchen und ähnlichen Mimikry-Phänomenen. Die kommen nicht nur in der Natur vor!

Lebensraum

Bei diesen Frauen mit französisch inspirierter Lebensart wird der Lebensraum traditionell recht wichtig genommen. Wohnkultur (neudeutsch dem Begriff des Lifestyle zugeschlagen) darf auf keinen Fall vernachlässigt werden. Denn: Wo sonst bietet sich so viel Gelegenheit, Einfluß auf die Bühne der Selbst-Inszenierung zu nehmen wie im gepflegten, mit entsprechenden Signalen der Kulturgewandtheit gespickten Eigenheim? Kein Restaurant, keine Kunstgalerie, wo sich *tout le monde* zur Vernissage trifft, bietet das Ambiente, das sich in einer Privatwohnung schaffen läßt. Natürlich ist es nicht damit getan, einfach in eine «Wohn-Boutique» oder in ein «Studio für Avantgarde-Design» zu gehen und großzügig Order zu erteilen. Nein, es gilt vielmehr, den eigenen Stil zu entwickeln, um ihn dann der häuslichen Umgebung aufzuprägen. Gern wird dafür die Hilfe eines Innenarchitekten in Anspruch genommen. Der verhilft dann der geschätzten Klientin zu der Einsicht, daß Avantgarde jetzt nicht mehr nur Grau und Schwarz ist, sondern mittlerweile auch in hellem Holz und mattem Glas daherkommt. Domestizierte Maler aus den Reihen der einstmals Jungen Wilden produzieren nach wie vor hochpreisigen, raumbeherrschenden Wandschmuck, und wenn dafür der Platz fehlt, macht sich eine Sammlung afrikanischer Masken gut neben dem Kamin. Nach all der neuen Prächtigkeit der letzten Jahre ist in den Wohnungen der Trendsetterinnen nun eine Wende zum Einfachen und Ungekünstelten zu verzeichnen. So erfüllen zum Beispiel die Möbel im Shaker-Stil alle Ansprüche an Tradition, hohe Qualität und Perfektion im Design. Die Angst, daß dieser Trend sogleich wieder von den Massen aufgegriffen wird, ist unbegründet: Auch überzeugende Einfachheit hat ihren Preis! Der frische Charme der Natur veredelt jedes Stadtdomizil. Da darf die Wohnung auf dem Lande, des Kontrasts wegen, ruhig nach Schwarzer Magie aussehen und sich ein wenig sinister ausnehmen – perfekt dekoriert vom Edelsofa bis zum Eierbecher. Und wenn das Ganze aussieht, als habe frau beim Kauf nicht auf die Preise gesehen, dann ist das nicht ganz unbeabsichtigt.

Dekorieren ist ganz eindeutig eine Lieblingsbeschäftigung der «Es war schon immer etwas teurer»-Frauen. Erstens ist der Erwerb neuer Kleinigkeiten zum Schmuck von Haus und Garten eine willkommene Gelegenheit zum Stadtbummel. Zweitens läßt sich mit all den feinsinnig arrangierten Stilleben buchstäblich in jeder Ecke der Wohnung der eigene gute Geschmack dokumentieren. Und drittens kauft frau die Mitbringsel von den zahlreichen Kurz-Trips in die Metropolen der exklusiven Lebensart ja nicht, um sie in die Schubladen zu stopfen – und seien es die des Mahagoni-Kabinetts, das aus dem kleinen Antiquitäten-Laden in Südengland stammt und so wunderbar unter den antiken Spiegel paßt, den frau von der Erbtante mütterlicherseits zur Konfirmation bekam.

Die teure Schöne, die so gern dem Charme des Luxus und der Mode erliegt, hat vor allem eines: Stil!

Sie sagt Ja zu den schönen Dingen des Lebens (und das besonders gern, wenn sie sie aus einem Schaufenster so herausfordernd-verführerisch anlachen). Sie kleidet sich gern gut (und das mehrmals am Tag). Sie achtet auf ihren Körper und auf ihre Gesundheit (das muß sein, denn auch edle Sachen sehen in Größe 38 einfach besser aus als in 46, und Blässe wirkt nicht kränklich, sondern vornehm). Sie verreist gern und liest viel (zwei Tätigkeiten, die sich wunderbar verbinden lassen – moderne Lyrik in der Concorde). Sie kennt die neuen Theaterstücke und Kunstausstellungen nicht nur vom Hörensagen (und weiß manchmal gar nicht, wie sie die ganzen Einladungen zu Premieren und Vernissagen wahrnehmen soll). Trotz ihrer ausgeprägten Fähigkeit, das Leben zu genießen, geht sie den Problemen des Alltags nicht aus dem Weg (irgendwer muß ja mit der Köchin den Speiseplan für die Woche besprechen). Sie fühlt sich für ihre Umgebung verantwortlich (denn wenn man da nicht ihre Handschrift erkennen würde, wäre es ja nicht *ihre* Umgebung). Edel sei der Mensch, stilvoll und möglichst wohlhabend!

Der Stil. Dreh- und Angelpunkt im Leben einer Leserin anspruchsvoller Lifestyle-Magazine. Aber was ist Stil? Ein Gefühl. Eine Einstellung zum Leben. Die Eigen-Art. Und das ungebrochene Selbstbewußtsein. Wer darüber verfügt, schafft die Regeln selbst, statt sich zwischen Linien zwängen zu lassen. «Nichts ist schöner, nichts ist spannender, als etwas Besonderes zu sein.» Das ist das Credo der «Es war schon immer etwas teurer»-Frau. Ein solches Juwel darf sich – selbstverständlich – fragen, warum die Männer so schlechte Manieren haben. Und da falsche Bescheidenheit ihr völlig fremd ist, liegt die Antwort nahe: Sie sind einfach verunsichert in der Gegenwart starker Frauen. Eine Dame, die sich mit weniger als dem Besten gar nicht erst abgibt, was soll sie anfangen mit einem Kerl, dem beim Handkuß ein Zacken aus der Krone bricht? Der ihr nicht sofort und freudig lächelnd den letzten Gepäckkarren am Flughafen überläßt? Und erst mit einem, der sich ständig spielerisch-ungeniert die Hose in Schritthöhe zurechtzupft? *Dégoutant!* Und solches muß sie auch in besseren Kreisen immer wieder beobachten.

Es ist aber auch nicht wenig, was sie verlangt. Ein Mann, dem sie aus freien Stücken auch nur eine Zigarette anbieten würde – von weiterreichenden Offerten ganz zu schweigen –, müßte sie einerseits als selbstbewußte, unabhängige Frau akzeptieren, sie andererseits aber auch vergöttern und beschützen. Wobei das lediglich die Mindestanforderungen beschreibt. Gefragt sind ferner Großzügigkeit, Toleranz, Zärtlichkeit, Leidenschaft, Erfolg und Luxusbewußtsein. Damit wir uns nicht falsch verstehen: Sie meint nicht Label-Denken. Wer nicht darauf verzichten kann, mit der Typenbezeichnung seines Wagens auf dem Kofferraumdeckel herumzufahren, der hat keine Chance. Der zeigt eben nicht Lebensart, sondern Statussymbole. Und wehe dem, der die falsch benutzt. So etwas zeugt von schlechter Lebensregie. So hart und härter kann sie urteilen, die Lifestyle-Lady. Zu ihrer Rechtfertigung muß allerdings gesagt werden, daß sie das Spiel mit den schönen (und teuren) Insignien des wahren Luxus souverän beherrscht. Sie weiß, daß Verschwendung nur dann Spaß macht, wenn man / frau weiß, was man / frau tut. Und handelt danach. Das ist ihre Art von Selbstverwirklichung durch Genuß. Und Genuß verspricht sie auch dem, der ihre Anforderungen erfüllt. Wenn sie ihn gefunden hat. Denn solche Prachtexemplare trifft frau natürlich nicht überall. Auf Empfängen, Bällen und sonstigen Feierlichkeiten mit handverlesenem Publikum jedoch sind die Chancen, fündig zu werden, nicht unerheblich. Ob sie deswegen so gern daran teilnimmt? O nein, da hat sie noch andere Gründe. Wo sonst erfährt frau an einem einzigen Abend, was frau sonst mühsam in vielen Telefongesprächen mit den besten Freundinnen erfragen oder aus den Klatschspalten zusammentragen müßte?

Stilvoll, wie sie ist, legt sie allerdings keinen gesteigerten Wert darauf, selbst zum Gegenstand süffisanter Kolumnen zu werden. Deshalb schätzt sieh auch viel mehr die kleinen Ferien im privaten Kreis. Dafür stehen ihr Rückzugsmöglichkeiten offen, passend für jeden Anlaß und nach Laune zu wählen: das Ferien-

Appartement in Gstaad, das Häuschen am Lago Maggiore, die Stadtwohnung in Paris, der Landwohnsitz in unverdorbener Umgebung mit unverbaubarem Blick. Kocht sie selbst für ihre Freunde, schätzt sie die Harmonie am Herd und macht kräftige Anleihen bei fremden Eßkulturen. Doch auch bei Tisch ist die Gefahr gegeben, ins Fettnäpfen oder ins Dessertschälchen zu treten: Wer immer noch glaubt, mit «Tira misu» imponieren zu können, hat den Zug der Zeit verpaßt, der längst gourmetisierte Vollwertkost gebietet. Aber daran erkennen Sie untrüglich, ob Sie es mit einer wirklichen Frau von Welt oder nur mit einer Imitation zu tun haben. Das Original ist übrigens meist polyglott, also durchaus in der Lage, Ihnen in vielen Sprachen «Nein» zu antworten, wenn Sie ihr ein Angebot gemacht haben, das sie ablehnt. Ein weiterer Hinweis auf eine echte Elle en Vogue, auf eine originale Lady Lifestyle: Sie trägt kein Schwarz. Ihre Parole, in der Mode wie im Leben, heißt: Farbe bekennen. Das tut sie unverblümt, auch im Gespräch. Glauben Sie also nicht, Sie könnten eine Unterhaltung mit ihr nur mit ein paar Brocken Smalltalk bestreiten. Irgendwann wird sie Ihnen auf den Zahn fühlen, und wehe Ihnen, Sie haben keine eigene Meinung! Da können Sie bestenfalls noch ein paar Punkte gutmachen, wenn Sie ihr ein paar Geheimadressen zuflüstern: ein Laden in New Yorks Village etwa, wo sie garantiert die mundgeblasenen Likörgläser in Lila findet, die sich so wunderbar auf ihrem Memphis-Tisch machen würden. Oder wo es aufblasbare Dinosaurier (für die nächste Pool-Party) gibt.

Und wenn Sie alle Fälle dahinschwimmen sehen, hier noch ein letzter Tip, damit Sie nicht ganz in Ungnade fallen: Sagen Sie ihr, formvollendet und im rechten Augenblick, was Sie an ihr so atemberaubend finden – ihren Stil. Vielleicht haben Sie Glück und Sie werden wieder empfangen? Dafür sollten Sie dann ein besonders schönes Mitbringsel wählen. Sie kennen ja jetzt ihren Geschmack: ganz einfach, sie ist mit dem Besten zufrieden.

Forschung für Fortgeschrittene: Studentinnen

Haben Sie Ihr Unterscheidungsvermögen trainiert? Haben Sie ein Gespür entwickelt für die Feinheiten, auf die es ankommt? Sind Sie bereit für weitere Erkundungen?

Dann verlassen wir nun die Welt des schönen Scheins auf buntbedrucktem Hochglanzpapier – und wenden uns einem anderen Beobachtungsfeld zu: den Universitäten. Diese gehobenen Lehranstalten sind wahre Reservate, die sich durch ausgesprochene Artenvielfalt auszeichnen. Zudem befinden sich die Objekte Ihrer Forschungen in einem besonderen Lebensabschnitt, der das Beobachten um so interessanter macht. Die Phase gesteigerten Lebensgefühls zwischen Pubertät und endgültigem Beginn des berühmten Lebensernstes ist in den meisten Fällen durch ein reges Sozialleben und viele zwanglose Kontakte gekennzeichnet. Davon können auch Sie profitieren! Vorteilhaft ist bei näherer Betrachtung auch die ansonsten vielbeklagte Überfüllung der Hochschulen: Für Sie heißt das zunächst einmal, daß es um so mehr zu schauen gibt. Die notwendige Tarnung beschränkt sich darauf, im Lesesaal die Regeln einzuhalten (ganz, ganz leise sein), in der Mensa nicht wie ein Versicherungsvertreter auszusehen und im Seminar nicht durch dumme Fragen aufzufallen.

Ihre Aufgabe wird allerdings etwas anspruchsvoller und auch schwieriger als zum Beispiel bei den Zeitschriftenfrauen. Genügte dort für die richtige Einordnung der Blick aufs Lieblingsblatt, sind die Unterscheidungsmerkmale an der Uni schon subtiler. Klar, wenn Ihnen eine Studentin mit einer roten Loseblattsammlung in Form eines Würfels von etwa 20 Zentimeter Kantenlänge entgegenkommt, ist kein besonderer Scharfsinn nötig, sie der juristischen Fakultät zuzuordnen. Aber schon ein weißer Kittel kann, je nach Anzahl und Art der Flecken, auf eine Chemie-, Pharmazie-, Biologie- oder Medizinstudentin hindeuten. Dazu kommt die Schwierigkeit, daß es eine unüberschaubare Zahl möglicher Kombinationen von Haupt- und Nebenfächern gibt, was zu weiterer Verwirrung Anlaß geben kann.

Um Ihnen das Zurechtfinden zu erleichtern, bieten wir hier keine vollständige Liste sämtlicher Arten von Uni-Frauen, sondern beschränken uns auf Fallstudien einiger prägnanter Typen, die auch vom Anfänger bald einwandfrei klassifiziert werden können.

Ein Hinweis noch auf die richtige Saison: Zwischen Februar und April sowie Juli und September sind Semesterferien. Wer sich zu diesem Zeitpunkt an der Uni aufhält, ist mit einiger Sicherheit mitten in den Prüfungsvorbereitungen – und legt mitunter ausgesprochen untypisches Verhalten an den Tag.

Keine Demo ohne sie: Die Engagierte

Eine Engagierte fällt Ihnen wahrscheinlich schon nach kurzer Zeit auf. Sie spricht auf Vollversammlungen, sie marschiert in den vorderen Reihen einer jeden Demonstration, sie lächelt Sie vom Wahlplakat zur Fachschaftswahl an. Und sie ist ständig unterwegs. Die Pausen zwischen den Vorlesungen verplaudert sie nicht mit ihrer Freundin bei einem Kaffee in der Mensa, sondern nutzt sie für Treffen mit ihren diversen Arbeitsgruppen. An manchen Tagen verschwindet sie mittags in einer Sitzung, kommt zwischendurch nur kurz zum Vorschein, um Zigaretten zu holen, und hat abends gerade noch Zeit, den Stapel Papier, den sie bis zur nächsten Sitzung durcharbeiten muß, auf den Küchentisch ihrer Wohngemeinschaft zu werfen, bevor sie zum Treffen ihrer Stadtteilgruppe rennt.

Es gibt zwei grundsätzlich verschiedene Typen von Engagierten: die linken und die rechten. Die unterscheiden sich nicht nur im Aussehen fundamental voneinander. Aber da Mann sie daran auf den ersten Blick erkennt, wollen wir uns hier kurz damit

befassen. Die Linken sind vorwiegend praktisch gekleidet: Bequeme Schuhe (um die Wege zwischen den Arbeitsgruppen bei Zeitnot auch im Laufschritt zurücklegen zu können), Hosen, die nicht übelnehmen, wenn man sich mit ihnen in einem überfüllten Raum auf den Boden setzt, mehrere Schichten T-Shirts und Pullover übereinander, um sich unterschiedlich hitzigen Diskussionen kleidungsmäßig anpassen zu können. Deutlicher Hinweis auf eine linke Engagierte ist auch eine Umhängetasche im Briefträgerformat. All die Diskussionsvorlagen, Resolutionen, Referate und Flugblätter (im Uni-Jargon: *papers*) wollen geschleppt sein. Ganz anders hingegen der Prototyp einer rechten Engagierten: Eine mehr oder weniger elegante Variante eines *dressed for success-Kostüms,* mindestens aber Blazer und Bundfaltenhose, frischgebügelte Hemdbluse, seidenes Halstuch mit Perlenkette, Pumps an den Füßen und einen Aktenkoffer in der Hand, aber nicht so ein popeliges Modell, wie es heute schon die Grundschüler herumtragen. Die rechten Engagierten, die meist nicht ganz so viele Arbeitsgruppen auf dem Stundenplan haben wie ihre linken Kommilitonen, tragen nicht ganz so schwer an der Last ihres Engagements und ihrer *papers*.

Unterschiedlich wie das Aussehen und der Habitus sind auch die Motive, die dem Engagement zugrunde liegen. Die linken Engagierten wollen die bestehenden Strukturen verändern, während die rechten eher daran interessiert sind, in die bestehenden Strukturen reinzukommen. Die rechten betrachten studentische Arbeitsgruppen als unterste Sprosse der politischen Karriereleiter; die linken hingegen weisen die Vermutung, sie bastelten schon an der Uni am Aufstieg, entschieden zurück. Die rechten Engagierten wissen, daß sich der Hinweis auf Mitarbeit in der studentischen Vertretung im Lebenslauf gut macht und bei Bewerbungen den entscheidenden Vorsprung vor Konkurrenten sichern kann; die linken wissen, daß selbst dem Bafög-Amt das Wahrnehmen universitärer Selbstverwaltungsaufgaben ein hinreichender Grund für eine Verlängerung der Studiendauer ist. Und wer dehnt nicht das, was ihm als die schönste Zeit des Lebens beschrieben wird, gern noch ein bißchen aus?

Engagieren kann man sich an der Uni eigentlich für alles. Angefangen bei der Organisation eines Einführungswochenendes für Erstsemester über die Teilnahme an einer Vollversammlung («VV») bis hin zum Amt der Präsidentin des Studentenparlaments («Stupa») findet sich für jede angehende Engagierte etwas zum Mitmachen. Auch inhaltlich gibt es reiche Auswahl: Man kann kämpfen für mehr Selbstbestimmung im Studium, für weniger Leistungsnachweise («Scheine»), gegen verschärfte Zulassungsbestimmungen und gegen imperialistische Politik in der Dritten Welt. Gegen den Abriß eines besetzten Hauses, für ein autonomes Kommunikationszentrum («KoZ») – die Liste läßt sich beliebig verlängern. Hier handelt es sich allerdings um die Anliegen der eher linksorientierten Engagierten, wie an Schlüsselwörtern wie «autonom» oder «imperialistisch» deutlich zu erkennen ist. Die rechten Engagierten engagieren sich, im Gegensatz zu den global orientierten Linken, zunächst einmal für die eigenen Interessen: Die Qualität des Studiums soll verbessert werden, die Berufschancen für Absolventen sollen steigen und jedes Semester soll es ein ordentliches Studentenfest geben. Letztgenannter ist übrigens ein Punkt, an dem sich linke und rechte Engagierte einig sind; die Meinungen gehen allerdings gleich wieder auseinander, wenn es um die Gestaltung einer solchen Fete geht.

Aber belassen wir es bei diesen feinen Unterschieden und wenden wir uns wieder den Äußerlichkeiten zu, die dem interessierten Beobachter auffallen könnten. Kennzeichnend für alle Engagierten, rechte wie linke, ist der dicke Terminkalender. So ein schmales Bändchen im Postkartenformat ist völlig unbrauchbar für die, die ihr Engagement ernst nimmt. Aber glauben Sie nicht, ein dicker Terminkalender mit viel Platz für jeden Tag bedeute, daß da tatsächlich noch Platz für neue Eintragungen wäre. Engagierte sind begehrte Persönlichkeiten mit langen, langen Wartelisten. Sollten Sie einer solchen Powerfrau näherkommen wollen und, sagen wir mal, einen Kinobesuch vorschlagen, wird das heftigstes Blättern auslösen: Montags trifft sich die Fachschaft, dienstags die Fachbereichsfrauengruppe, diesen Mittwoch steht eine Berufskommissionssitzung auf dem Programm, donnerstags tagt die Planungsgruppe zur curricularen Entwicklung, diesen Freitag bereitet sie mit drei Kommilitonen ein Referat vor und am Wochenende zieht sich die Unabhängige

Fachbereichsgruppe aufs Land zurück, weil am Montag die Liste mit den Kandidaten für die Wahl zum Studentenparlament abgegeben werden muß. Danach kommt die Aktionswoche ihrer Stadtteilgruppe, und wenn sie es schafft fährt sie am Samstag nach Hause, denn da heiratet ihre Schwester. Noch Fragen?

Auffallend an der Engagierten sind ihre breitgestreuten Interessen. Böswillige Beobachter könnten ihr vorwerfen, da seien Interessen kaum noch zu erkennen, das sei schlicht und einfach Verzettelung. Wer unvorsichtig genug ist, das ihr gegenüber zu äußern, riskiert einen Vortrag über die Vernetztheit der Lebenszusammenhänge. Alles hängt mit allem zusammen, davon ist die Engagierte fest überzeugt, und genau deswegen engagiert sie sich ja so. Sie ist nicht deshalb Vegetarierin, weil sie kein Fleisch mag, sondern weil sie damit einen Beitrag zum Erhalt des tropischen Regenwaldes leisten kann. Weil sie nun aber kein Fleisch ißt und ihren Eiweißbedarf durch geschickte Kombinationen pflanzlicher Nahrungsmittel decken muß, hat sie sich der Lebensmittelkooperative angeschlossen, die in Uninähe einen Bioladen betreibt. Dort hat sie einmal in der Woche nachmittags Dienst, da können Sie gern mal vorbeikommen. Sie könnte Ihnen dann den Zusammenhang zwischen Vollkornbrot und der Konzentration der Multis auf dem Weizenmarkt erklären. Und wenn Sie schon einmal da sind, sollten Sie sich auch gleich über die verschiedenen Möglichkeiten informieren, Sprossen auf der Fensterbank zu ziehen – das macht ziemlich guten Eindruck. Und das Angebot an Bio-Fruchtweinen könnten Sie auch probieren.

Wenn Ihnen jetzt eine Idee kommt, wie Sie der Engagierten trotz vertagtem Kinobesuch doch näherkommen können...? Richtig, am besten, Sie schließen sich einer dieser Gruppen an. Da lernen Sie auch gleich die Kreise kennen, in denen sie so verkehrt. Schlagen Sie ihr doch einfach vor, zusammen in die Friedensgruppe zu gehen. Den Einwand, sie habe keine Termine mehr frei, können Sie entkräften mit der Frage, was denn nun wichtiger sei, der Weltfrieden oder ihre Selbstverteidigung. Aber glauben Sie nicht, Sie seien am Ziel Ihrer Wünsche, wenn Sie gemeinsam mit ihr in einer Runde großenteils bärtiger, leger gekleideter, mit der Gewerkschaft nicht nur sympathisierender Menschen sitzen. Da wird nämlich gerade die Beteiligung der

Gruppe am diesjährigen Ostermarsch besprochen. Und es wird dringend jemand gesucht, der am Donnerstag in den regionalen Koordinationsausschuß geht und über die Aktivitäten berichtet. Haben Sie nicht Zeit? Sie haben das noch nie gemacht? Ach, kein Problem, das sind alles unheimlich liebe Leute, die empfangen Sie mit offenen Armen – und zeigen Ihnen gern, wo's langgeht. Und ehe Sie es sich versehen, sind Sie in den Sog des Engagements geraten. Denn ein Termin zieht den nächsten nach sich. Wundern Sie sich übrigens nicht, wenn Sie immer wieder dieselben Gesichter sehen: Es handelt sich hierbei um eine relativ sehr festgefügte Szene und – das könnte geeignet sein, Ihnen Hoffnung zu machen! – alle sind irgendwie miteinander befreundet, so rein beziehungskistenmäßig. Deswegen hat auch die Engagierte ihren Spanisch-Kurs geschmissen. Da sitzt nämlich ihr Ex-Freund, der in ebendiesem Spanisch-Kurs ihre ehemals beste Freundin kennen- und lieben gelernt hat.

Sollte irgendwann einmal – es kommt selten genug vor – eine Engagierte sich einen Freund außerhalb ihrer diversen Arbeitsgruppen suchen, steht sie vor der schwierigen Entscheidung, ihm oder ihrem Engagement den Vorzug zu geben. Das ist nicht nur eine Zeitfrage! Denn der wahre Grund für all die vielen Gruppenabende ist, daß die Engagierte schlecht allein sein kann; und diesen Makel kann sie prima hinter ihrem Engagement verstecken. Solch eine Gruppe, die vorgeblich ein edles soziales Gewissen vereint, ist in langen Abenden erbitterten Diskutierens zu einem familienähnlichen Verbund verschmolzen. Die viele Zeit, die man miteinander verbringt – nach getaner Arbeit geht man noch auf ein Bier in die Stammkneipe –, schweißt die Leute schon menschlich zusammen.

Die Engagierte hat sich schon so manchen Bericht über eine rettungslos verfahrene Beziehungskiste nicht nur voller Anteilnahme angehört. Engagiert, wie sie ist, bietet sie in solchen Fällen auch gern ihre Hilfe an. Gewohnt, jedes Problem bis ins kleinste Detail auseinanderzufieseln, ist so ein handfester Knatsch doch genau das Richtige, um mal wieder ihre ausgeprägten analytischen Fähigkeiten unter Beweis zu stellen. Und für den weiblichen Teil der Beziehungskiste wäre es echt gut, sie würde sich endlich mal der Frauengruppe anschließen.

Sie sehen, die Engagierte hat nicht nur einen vollen Terminkalender, sondern auch ein ausgefülltes Leben. Sollte sich Ihnen jetzt die Frage aufdrängen, wann eine solchermaßen vollbeschäftigte Person denn ihr Studium absolviert – tja, darauf kann sie selbst auch keine befriedigende Antwort geben. Dieses Semester ist das alles, echt wahr, ein bißchen zu kurz gekommen. Aber im nächsten Semester, da stehen keine Wahlen zum Studentenparlament an, und die Friedensgruppe hat auch beschlossen, nach dem Ostermarsch erst mal eine kreativitätsfördernde Pause einzulegen... ja, nächstes Semester wird sie bestimmt einen, vielleicht sogar zwei Scheine machen. Und da die Engagierte keine Einzelkämpferin ist und das Ellbogendenken als völlig unsolidarisch ablehnt, wird sie sich zu diesem Zwecke zwei Arbeitsgruppen suchen, denn künftig wird sie ja montags und donnerstags überhaupt keine Termine haben.

Wenn Sie sich für den Typus Engagierte interessieren, so passen Sie um Gotten willen gut auf sich auf.

Lerne leiden, ohne zu klagen: Die Selbsterfahrene

Die Selbsterfahrene hat auf den ersten Blick eine gewisse Ähnlichkeit mit der Engagierten. Die auffälligste Gemeinsamkeit ist wohl die, daß beide erst in der Gruppe so richtig aufleben. Allerdings hat die Selbsterfahrene keine Erfahrungen mit Gruppen, die sich aufopfernd um die Mißstände dieser Welt kümmern. In den Gruppen der Selbsterfahrenen dreht sich alles immer nur um eines: den eigenen Nabel. Doch dahin ist es ein weiter, steiniger Weg.

Eine typische Selbsterfahrene ist in ihren späten Zwanzigern – mindestens. Das liegt in der Natur der Sache: Selbsterfahrung kommt nicht von ungefähr! Ein gewisses Maß an Selbstbewußtsein muß erst erworben werden, auch Erfahrungen brauchen ihre Zeit. Prädestiniert für die Laufbahn der Selbsterfahrenen sind vor allem junge Frauen, die während der Pubertät begonnen haben, Tagebuch zu führen. Da werden elementare Fähigkeiten eingeübt, die sich später in jede Gruppe einbringen lassen: Hartnäckigkeit und Ausdauer, eine Sache so lange zu drehen, zu wenden und von allen Seiten zu betrachten, bis sie schließlich jeden Reiz verloren hat.

Bei der typischen Selbsterfahrenen-Anwärterin kommt irgendwann der Tag, an dem sie bedauert, daß sie außer ihrem Tagebuch niemanden hat, mit dem sie ihren ganzen Seelenschmerz besprechen kann. Sie hält dann Augen und Ohren offen, ob sie nicht jemanden trifft, dem es ähnlich geht, denn sie glaubt fest daran, daß mitgeteiltes Leid halbes Leid ist. Da Männer, deren Interesse an ihr im umgekehrt proportionalen Verhältnis zu ihrem Interesse an ihnen steht, die Hauptursache für ihr Herzeleid sind, und da dieses Herzeleid, in einem gewissen Alter zumindest, so etwas wie eine Volkskrankheit ist (ungefähr mit dem Verbreitungsgrad von Karies), findet sie bald eine junge Frau, die dankbar nickt, wenn die angehende Selbsterfahrene Verständnis signalisiert: Der erste Schritt in Richtung Selbsterfahrungsplauderei ist getan. Wenn dann beide ausgiebigst Erfahrungen ausgetauscht haben und sich die Berichte im Wortlaut zu wiederholen beginnen, ist es an der Zeit, sich nach weiteren Leidensgenossinnen umzusehen. Das geht an der Uni besonders gut. Erstens herrscht da in bestimmten Fächern, den sogenannten brotlosen Künsten wie Sprach- und Literaturwissenschaft, Kunstgeschichte und Pädagogik, ein ziemlicher Frauenüberschuß (na, horchen Sie auf?), zweitens gibt es nach wie vor überwiegend männliche Professoren und Dozenten. Da bietet es sich an, eine Gruppe zu gründen mit dem Ziel, sich über die bereits gemachten und die befürchteten Erfahrungen als Frau an einer von Männern dominierten Uni auszutauschen. Eine solche Gruppe dient nicht nur der gegenseitigen moralischen Aufrüstung; bei gewissen Punkten, beispielsweise «dem ersten Mal» oder «Wißt ihr noch...»-Themen angekommen, ist die Selbsterfahrungsgruppe einem Kaffeekränzchen älterer Damen nicht unähnlich: Über den Austausch von Erinnerungen entsteht ein starkes Zusammengehörigkeitsgefühl, auch wenn jede Erzählende die Anekdoten ein wenig zu ihren Gunsten verändert, was jeder klar ist. Andererseits kommt irgendwann der Zeitpunkt, da jede einzelne Frau zuviel über alle anderen weiß. Auflösungserscheinungen machen sich dann bemerkbar, wenn nichts Neues

mehr zum Austauschen vorliegt. Einzelne beginnen abzuwandern, begnügen sich fortan wieder mit einer besten Freundin, andere tun sich gar mit einem Mann zusammen, weil sie nicht immer nur darüber reden wollen.

Die wirklich Selbsterfahrene aber nimmt einen Schatz fremder Erfahrungen mit und begibt sich auf die Suche nach einer neuen Gruppe. Denn das kann ihr keine Freundin und kein Freund bieten: das prickelnde Gefühl, sich vor beinah Fremden seelenmäßig völlig zu entblößen, wie auch das voyeuristische Gefühl, den Entblößungen anderer beizuwohnen.

Irgendwann dann in ihrer Gruppen-Karriere kommt die Selbsterfahrene an einen Punkt, wo sie mit Reden nicht mehr zufrieden ist. Hat sie da nicht neulich eine Kleinanzeige in einem Alternativ-Blatt gelesen? «Bei Krisen, Nebel und Hürden auf Deinem Weg helfen Tiefenentspannung, Atem- und Körperarbeit. Sie harmonisieren den gesamten menschlichen Energiekreislauf – körperlich, seelisch und geistig.» Das klingt verheißungsvoll! Denn Nebel ist in der Tat das Wort, mit dem man ihren orientierungslosen Zustand beschreiben könnte. Sie hat zwar in langen Gesprächsabenden gelernt, was sie nicht will, aber ihr Ziel ist dadurch nicht klarer geworden. Sie meldet sich an, auch wenn sie sich darunter nichts Genaues vorstellen kann. Denn wovon hat sie schon klare Vorstellungen? Am wenigsten von sich selbst! Und dem muß abgeholfen werden.

Sie fährt also zu ihrem ersten Gruppenwochenende, schläft zum erstenmal seit ihrer Schulzeit in einer Jugendherberge, sitzt vor Tau und Tag im Lotussitz auf einer Wiese und atmet acht Sekunden durch das rechte Nasenloch ein, hält die Luft vier Sekunden an und atmet durch das linke Nasenloch wieder aus. Das ist am Anfang gar nicht so einfach, und vor lauter Konzentration auf die Übung vergißt sie einen Moment lang, über sich nachzudenken. Kein schlechtes Gefühl! Diesem Wochenende folgen weitere, denn ihr ist bald klargeworden, daß sich Bewußtheit auch durch Bewegung erlangen läßt. Sie ist wild entschlossen, den Zugang zum eigenen Selbst über den Körper zu finden. Schüttelmeditation, bewußtes Sitzen, tiefe Bauchatmung und Fußreflexzonenmassage – alles probiert sie aus. Auch wenn sie dabei ihre ursprüngliche Frage – wer bin ich? – ein wenig aus den Augen verliert, macht sie doch reichlich Erfahrungen, wenn auch mitunter etwas merkwürdige.

Die Phase der reinen Frauengruppenarbeit liegt schon lange hinter ihr: Neulich lernte sie in einem Kurs über die Archäologie der Emotionen einen Typ kennen. Sie erlebte, daß nicht nur ihr Körper, ihre Seele und ihr Geist eins sind, sondern auch, daß sich die Zweiheit zum Einstein zusammenfinden kann. Allerdings erfuhr sie auch bald, daß in ihr noch ein viertes war, das sich mit Körper, Geist und Seele nicht in Einklang bringen ließ: eine rasende Eifersucht. Die überfiel sie, als sie mit ihrem Partner bei einem Massage-Seminar war. Der Kursleiter, ein asketisch aussehender Vierziger mit scharfen Zügen, einem langen Zopf und stechenden Augen, trennte unerbittlich alle Paare, denn schließlich sollte es nicht um traute Zweisamkeit, sondern um die Aktivierung der Selbstheilungskräfte gehen. Aber die Tiefenentspannung, die ihrem Partner durch die Hände einer rothaarigen Zweiundzwanzigjährigen zuteil wurde, ging ihr dann doch zu weit. Zu Hause diskutierte sie die Angelegenheit mit ihm aus, und da er ihr spießiges Besitzdenken vorwarf, wo es ihm nicht um ein Ausbrechen aus ihrer Beziehung, sondern um das ganz allgemeine Erleben kosmischer Energien ging, beschlossen sie, sich zu trennen.

Nun besucht sie ein Wochenendseminar mit dem verlockenden Titel «Komm, bauchtanze mit mir». Das spricht sie irgendwie unheimlich an. Denn soviel ist ihr inzwischen klargeworden: Kopfmäßig laufen die Dinge nicht bei ihr! Ihr diffuses Unbehagen kommt echt immer aus dem Bauch. Und da sie gelernt hat, auf ihre inneren Stimmen zu hören und sich zu fragen, was ein bestimmter Schmerz ihr jetzt sagen will, folgt sie dem Ruf ihres Bauchs – und läßt ihn zwei Tage lang kreisen.

Erste Zweifel am Selbsterfahrungswert ihrer unzähligen Wochenendaktivitäten kommen ihr, als sie einen «Bewußter Skilaufen-Kurs» besucht. Da wird ihr dann auf einmal sonnenklar, daß etwas bewußt zu tun nicht bedeutet, es auch gern zu tun. Wieder einmal orientiert sie sich um, diesmal um die Erfahrung reicher, daß der Weg des Körpers offensichtlich nicht bei jedem schnurgerade zum Selbst führt – jedenfalls bei ihr nicht.

Früher war sie ja immer skeptisch, wenn ihr jemand erklären

wollte, warum sie ein typischer Wassermann sei. Aber da neulich ein Bekannter, dem sie das gar nicht zugetraut hätte, ihr von seinem Computer-Horoskop erzählt hat, beschließt sie, es doch einmal damit zu probieren. Umgehend schickt sie ihre Daten und einen Fünfzig-Mark-Schein an die Firma – und nach zwei Wochen hat sie ihre Charakteranalyse in der Hand. Total überzeugend! Einfach total wahr! So wird sie zum echten Astrologie-Anhänger, liest alles, was sie darüber finden kann, besucht Kurse über Astrophysiologie und Mondknotenhoroskope und hat kurzfristig wieder ein Ziel vor Augen: die Entschlüsselung ihrer Seele und ihres Charakters mit Hilfe der Sterne.

Übrigens hat sie neulich in der Buchhandlung neben der Kasse das Vorlesungsverzeichnis der Universität liegen sehen. Sie hat mal kurz reingeschaut und sich daran erinnert, daß sie vor Jahren an der Uni in diese Frauenselbsterfahrungsgruppe reingeraten ist, wo sie immer über Männer sprachen. Nein, wenn sie so zurückblickt, findet sie schon, daß sie inzwischen eine Menge wichtiger Erfahrungen gesammelt hat. Klar, das Studium hat sie darüber vernachlässigen müssen, denn die Therapie-Wochenenden und all diese Seminare waren nicht billig, und sie mußte ziemlich viel jobben. Wenn sie es recht bedenkt, weiß sie gar nicht, warum sie auf all diese Kurse so abgefahren ist. Eigentlich litt sie ja an nichts weiter als an einem Mangel an Erfahrungen. Nun, die hat sie jetzt! Und diese Phase der Heilung durch Atmung, durch Bewegung und durch sonstwas hat sie jetzt ein für allemal hinter sich.

Im Moment ist ihr Ding voll die Astrologie! Und sie hat sich auch schon überlegt, daß sie demnächst mal in der Szene-Zeitung eine Kleinanzeige aufgeben will: «Astrologie-Kurs: Erstellen eines Horoskops unter fachkundiger Anleitung».

Nach langer Zeit geht sie mal wieder in die Uni-Cafeteria und trifft dort prompt eine der Frauen aus ihrer ersten Gruppe. Die steht mitten im Examen, muß in drei Wochen ihre Magisterarbeit abgeben, hat Krach mit ihrem Freund, fühlt sich müde und abgeschlafft und – überhaupt – so ohne Perspektive, wenn sie bedenkt, daß sie als Germanistin ja doch nirgends einen Job kriegt. Da sieht die Selbsterfahrene ihre große Stunde gekommen. Nun kann sie zeigen, daß das, was sie all die Jahre getrieben hat, doch von Nutzen war, ein Weg, der sie zum Ziel gebracht hat: «Also echt, jetzt denk mal nach, das einzige, worauf es ankommt, ist, daß du mit dir selbst in Einklang bist. Ich sag's dir, echt wahr, wozu so 'n Ziel? Der Weg ist das Ziel. Wenn du Lust hast, komm doch mal in meine Astro-Gruppe. War toll, dich zu sehen.»

Wenn Sie sich für den Typus Selbsterfahrene interessieren... so sind Sie eigentlich selbst daran schuld.

Früh übt sich: Die Aufsteigerin in spe

Es gibt einen ganz bestimmten Typus von Studentin, den man nur an ausgewählten Fachbereichen trifft. Diese sogenannte Aufsteigerin in spe wollen wir uns nun genauer betrachten.

Ein kleines Mädchen, das auf die Frage, was es denn einmal werden wolle, antwortet: «Karrierefrau», landet mit einiger Sicherheit bei den Wirtschaftswissenschaftlern, eventuell noch bei den Informatikern oder Juristen. Eine solche Aufstiegsanwärterin beginnt beizeiten mit ihrer Laufbahnplanung und überläßt nichts dem Zufall. Lange bevor sie sich für ein Fach und vor allem eine bestimmte Universität entscheidet, holt sie sorgfältige Erkundigungen ein: welche höhere Lehranstalt bei potentiellen Arbeitgebern den besten Ruf genießt, welche Diplome und Zusatzqualifikationen sie wo erwerben kann, mit welchen Fächerkombinationen ihr nach Abschluß ihrer akademischen Lehrjahre die meisten Türen offenstehen werden und – *last not least* – was ihr das in Mark und Pfennig mal bringen wird.

Die Karrierefrau von morgen ist schon an der Uni daran zu erkennen, daß sie grundsätzlich nur im *dress for success* auftritt. Wissend, daß es mindestens so sehr auf Qualifikation wie auf optimale Präsentation der eigenen Person ankommt, investiert sie eine Menge Zeit und Geld in ihr äußeres Erscheinungsbild – und überläßt auch hier nichts dem Zufall. Es könnte ja vorkommen, daß ihr ein Personalmanager auf der Suche nach hoffnungsvollem Nachwuchs über den Weg läuft! Ihre Frisur sitzt entsprechend immer perfekt, das Make-up ist dezent, aber sorgfältig, und ihr Rock hat genau die richtige Länge. Außerdem ist sie an ganz bestimmten Accessoires zu erkennen, die sie ausweisen als zugehörig zum kleinen Kreis derer, die wissen, worauf es ankommt. Auf einen ledergebundenen Kalender zum Beispiel! Ein solches Exemplar mit diversen Tages-, Wochen-, Monats- und Jahresübersichten, integriertem Notiz- und Adreßbuch, Kalorientabelle, Stadtplan, Lufthansa-Flugplan und Zeitzonenübersicht ist ein unverzichtbarer Bestandteil des Aufsteigerlooks. Einige Überlegung erfordert auch die Wahl der richtigen Armbanduhr, die von gediegener Schlichtheit sein muß, dem Beobachter jedoch sofort zu erkennen gibt, daß er es hier mit Geld und gutem Geschmack zu tun hat.

Die Karrierefrau trägt vorzugsweise Kostüm. Davon besitzt sie – freilich! – mehrere, die sich mühelos untereinander kombinieren lassen und so immer wieder neue aufstiegstaugliche Outfits ergeben. Mit Vorliebe trägt sie Streifenblusen. Davon besitzt sie eine ganze Kollektion: hochgeschlossen, mit Stehkragen oder Schleife, auch mal mit dezentem Dekolleté, mit schmalen oder breiten Streifen und in allen zulässigen Farben – dunkelblau, weinrot, anthrazitgrau, lodengrün und tabakbraun. Diesen etwas strengen Look lockert sie auf mit seidenen Halstüchern, Perlenketten und unaufdringlich-elegantem Schmuck. Und ihre rundum gepflegte Erscheinung hüllt sie in einen teuren Duft – «für die Frau, die weiß, was sie will».

Die Aufsteigerin in spe hat von Anfang an einen ständigen Begleiter: ihr Karrierehandbuch. Dem entnimmt sie, worauf es beim erfolgsorientierten Studieren ankommt. Gefragt sind Absolventen, die in sensationell kurzer Zeit nicht nur die erforderlichen Leistungsnachweise, sondern auch Auslandserfahrung, Sprachkenntnisse, Berufspraxis und außeruniversitäres Engagement vorweisen können. Also schließt sie sich beizeiten einer studentischen Initiative an, die Praktika im Ausland organisiert, sucht sich Ferienjobs mit Aufstiegschancen und tut sich zum Studieren mit Gleichgesinnten zusammen, zwecks Arbeitsteilung. Allzu innig darf aber der Kontakt in einer solchen Lerngruppe nicht werden, denn schließlich sind diese Kommilitonen irgendwann einmal potentielle Konkurrenten.

Alles, was die junge Aufstrebende unternimmt, wird zuvor

KEEP OUT

daraufhin überprüft, ob Kosten und Nutzen in einem vertretbaren Verhältnis zueinander stehen. Und das betrifft nicht nur berufliche Dinge: Auch ihr Privatleben steht ganz im Dienst ihrer geplanten Karriere. So weiß sie zum Beispiel, daß sich jeder Arbeitgeber über Mitarbeiter freut, die in guter körperlicher Verfassung sind. Also treibt sie Sport. Aber Sport dient ihr nicht nur der Fitness, sondern auch der gezielten Geselligkeit und vor allem dem Weiterkommen, denn auch Freizeit will wohlverwaltet sein. Mindestens also Tennis muß es sein! Obwohl das zum Breitensport geworden ist und bedeutend an karrierefördernder Wirkung eingebüßt hat. Exklusiveres ist angesagt, und wenn sie es irgend möglich machen kann, tritt die Aufsteigerin einem Golfclub bei. Dort ist sie in den richtigen Kreisen, und sie verbucht die hohen Club-Beiträge als zukunftsträchtige Investitionen. Sollte es ihr nicht gelingen, zahlendes Mitglied zu werden, so besucht sie immerhin alle Veranstaltungen, die auf dem örtlichen Golfplatz stattfinden, denn auch so kann sie sich unter den Erfolgreichen umschauen. Als Ausgleichssport bietet sich dann Squash an, denn es hat den großen Vorteil, sich zwischen Vorlesung und Arbeitsgruppe einplanen zu lassen. Und es erlaubt ihr, mit dem Racket unter dem Arm auch an der Uni kundzutun, wie sehr sie auf körperliche Fitness und Sportlichkeit bedacht ist. Wie gesagt, es ist die Präsentation, die zählt.

Sollten Sie nun den Eindruck bekommen haben, Sie hätten es hier mit einer ellbogenstarken Einzelkämpferin zu tun – dann liegen Sie ganz falsch. Da Teamgeist auch in Führungspositionen unabdingbar ist, treffen Sie die Karriereaspirantin meist in einer Clique an: Gern umgibt sie sich mit Freundinnen, die es in der hohen Kunst der Selbstdarstellung noch nicht so weit gebracht haben wie sie. Oft ist ihre beste Freundin das genaue Gegenteil von ihr: etwas trampelig, aber sehr hilfsbereit, ein wenig naiv, aber patent, wenn es um unitypische Arbeiten geht. Von diesen Fähigkeiten profitiert auch die Aufsteigerin, während umgekehrt ihre Freundin sich in dem gesellschaftlichen Glanz sonnt, der von ihr ausgeht. Auch weiß die zukünftige Führungskraft, daß kleine Geschenke die Freundschaft erhalten (zu verbuchen unter Werbekosten), und so kommt die Freundin gelegentlich in den Genuß einer abgelegten Bluse oder sonst etwas, was dem hohen Standard der Karrierefrau nicht mehr gerecht wird. Beide Seiten einer solch ungleichen Beziehung kommen also durchaus auf ihre Kosten – und das ist der Aufsteigerin sehr wichtig.

Apropos Kosten: So ein Studium ist natürlich nicht umsonst! Wenn sie nicht in der glücklichen Lage ist, monatlich einen dicken Scheck von zu Hause zu beziehen, macht sie aus der Geldnot eine Tugend und stellt ihre Geschäftstüchtigkeit unter Beweis: Sie jobbt – aber mit Kalkül. Und wenn die Nebenbeschäftigung, die ihr zusagt, nicht existiert, dann schafft sie sich eine, notfalls indem sie eine eigene Firma gründet! Sie importiert beispielsweise Krawattennadeln, die sie an modisch interessierte Kommilitonen verkauft. Oder sie stellt ein Frühstücksservice auf die Beine, der die Labberbrötchen von der Mensa klar in den Schatten stellt. Egal, was sie tut, es muß Geld bringen, Erfahrung und nicht zuletzt Spaß. Da sie lernt, wie die Wirtschaft funktioniert, vergibt sie selbst eine Menge Dienstleistungsaufträge, wenn sie sich ausgerechnet hat, daß das letztlich preiswerter ist, als es selbst zu machen. Sie stellt eine von diesen armen Germanistikstudentinnen an, die ihr die Seminararbeiten sprachlich und stilistisch überarbeitet und nebenbei die Kommafehler beseitigt. Die Aufsteigerin zahlt auch gern drei Pfennig mehr pro Fotokopie, wenn sie nicht selbst in einem stickigen Copy-Shop stehen muß. Die so gewonnene Zeit nutzt sie zum Power Lunch mit einem älteren Kommilitonen, der ihr von seinen Erfahrungen mit einer Karriereberatungsfirma erzählt.

Bei einem derart durchorganisierten Tagesablauf bleibt natürlich kaum Zeit für zweckfreie Vergnügungen. Studium, Nebenjob, Computer-Kurs, Fitnesstraining und das Knüpfen und Pflegen nützlicher Kontakte – all das kostet eine Menge Zeit. Aber das Privatleben ist ihr auch nicht so wichtig, zunächst einmal zählt der berufliche Erfolg.

Sollten Sie sich in eine dieser jung-dynamischen Karrierefrauen verguckt haben und nicht recht wissen, wie Sie da weiter- oder aber herauskommen, so hilft nur eines: Bieten Sie ihr karriererelevante Dienste an. Können Sie fotografieren? Fein! Dann bieten Sie ihr doch an, ihre Bewerbungsfotos zu machen. Da wird sie Ihnen sicherlich ein, zwei Stunden einräumen für einen Fototermin. Und da Sie ja jetzt wissen, worauf es ankommt – optimale Präsentation! –, nutzen Sie die Gelegenheit und rücken nicht nur das Objekt Ihrer Begierde, sondern auch sich selbst in ein günstiges Licht: Vielleicht haben Sie ja Erfolg – und machen bei ihr Karriere.

Den schönen Künsten zugetan: Die Kulturbeflissene

Ein besonders gebildetes Exemplar der Gattung Uni-Frauen ist die sogenannte Kulturbeflissene, der Sie am ehesten am Kunsthistorischen Institut, im literaturwissenschaftlichen Oberseminar oder bei den Theaterwissenschaften begegnen werden. Sie haben es hier mit einem feinsinnigen Wesen zu tun – und müssen entsprechend viel Takt und Fingerspitzengefühl an den Tag legen, wenn Sie sich ihr annähern wollen. Es kann nur von Nutzen sein, regelmäßig das gehobene Feuilleton zu lesen, so sind Sie auf dem laufenden, was die Kulturszene betrifft, und haben Gesprächsstoff für unverfängliche Plaudereien.

Die Kulturbeflissene fällt schon durch ihre Kleidung auf. Ganz anders als zum Beispiel ihre karriereorientierten Mitstudentinnen geht es ihr nicht darum, durch unauffällige Eleganz zu bestechen. Und nie würde sie sich in der Protestuniform der Engagierten kleiden. Für sie ist Kleidung der (semiologisch-emotive) Spiegel ihrer einzigartigen Persönlichkeit, und entsprechend viel Sorgfalt und Überlegung widmet sie ihrer Garderobe. Individualität wird großgeschrieben bei ihr – und die gibt es nun einmal nicht von der Stange. Die Kulturbeflissene kauft gern in Second-Hand-Läden und noch lieber bei Haushaltsauflösungen. Daß die Klamotten dort relativ billig zu haben sind, ist nur ein angenehmer Nebeneffekt. Es geht ihr in erster Linie darum, Kleider mit Vergangenheit und persönlicher Note zu erwerben.

Die Kulturbeflissene hat meist eine Neigung zu theatralischen Aufmachungen. Sie schwärmt für stockfleckige Spitzentaschentücher und gehäkelte Handschuhe, trägt mit Vorliebe geknöpfte Stiefeletten oder aber schwarz-weiße Gamaschen – und hat eine ausgesprochene Schwäche für morbide Farbzusammenstellungen. Gern geht sie mit Hut und Schleier, und wenn das doch etwas zuviel des Dekorativen ist, trägt sie einen Turban à la Simone de Beauvoir oder Tania Blixen. Denn so originell ihre Kostümierungen auch sind, fast immer orientiert sie sich dabei – und auch das ist ein Beweis ihrer kulturellen Beflissenheit – an einem großen Vorbild.

Ein untrügliches Kennzeichen für eine Kulturbeflissene ist eine sich auch in der Aufmachung niederschlagende Wandlung der Stimmung – oft buchstäblich über Nacht. Ganz so, wie jeder Künstler in seinem Schaffen verschiedenen Phasen unterworfen ist, vollzieht sich auch die Entwicklung der Kulturbeflissenen in abgrenzbaren Perioden. Dazu gehört fast immer eine Existentialistenphase mit Pagenkopf, schwarzen Rollkragenpullovern und filterlosen, meist französischen Zigaretten – diese Phase endet, wenn der postpubertäre Weltschmerz überwunden ist. Die vorherrschende Stimmung beeinflußt jedoch nicht nur die Kleidung, sondern auch andere Bereiche ihres Lebens.

Ihr Leben – ein Gesamtkunstwerk, in dem jedes Detail seine ureigene Bedeutung hat! So atmet auch ihre Wohnung immer einen Hauch von Künstleratelier. Bei ihr gibt es nicht Tisch und Stuhl und Bett, sondern Chaiselongue und Stehpult oder einen zierlichen Damensekretär für Privatkorrespondenz und einen rohen Holztisch für gröbere Arbeiten. Ihre dekorative Garderobe steckt sie nicht in einen Schrank, sondern drapiert sie auf ausrangierten Schaufensterpuppen, rollbaren Garderobenständern – oder hängt sie einfach an Nägel, die sie zu diesem Behuf in die Wand geklopft hat. Mit Bedacht ausgewählt sind die Bilder, die ihre Wände zieren. Sie arrangiert kunstvolle, bedeutungsvolle Collagen aus Plakaten, Zeitungsausrissen, Trockenblumen, Theaterkarten und unersetzlichen Erinnerungsstücken. Und natürlich hortet sie Bücher, denn die schaffen nicht nur eine ganz distinkte Atmosphäre intellektueller Gemütlichkeit, sondern – alles in ihrem Leben ist lesbar! – sie dokumentieren auch die Weite ihres Horizonts sowie die Tiefe ihrer Einsichten. Denn bei aller Sorgfalt, die sie ihrem äußeren Erscheinungsbild widmet, beeindrucken will sie zunächst einmal mit dem, was sie im und erst dann was sie auf dem Kopf hat.

Alle Kulturblätter hat sie abonniert. Eine ganz bestimmte

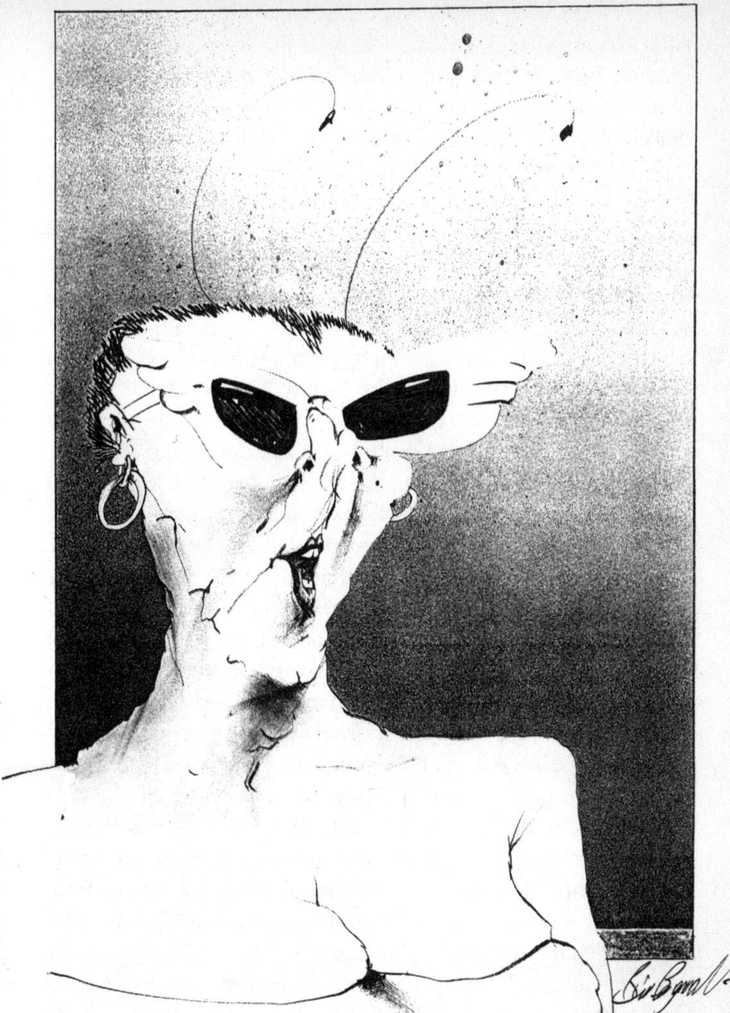

konservative Tageszeitung, die eigentlich so gar nicht ihren liberalen Neigungen entspricht, hält sie nur wegen des Feuilletons (und betont, daß sie den Wirtschaftsteil nie liest). Und auch wenn sie immer wieder über die Filmkritiken eines gewissen Nachrichtenmagazins schimpft, lesen tut sie es doch. Denn der Gedanke, sie könnte irgend etwas auf dem Kultursektor übersehen haben, wäre ihr unerträglich. Sie kennt alle wichtigen Theaterinszenierungen, weiß über jeden Film Bescheid, sobald er auf irgendeinem Festival auf diesem Planeten gelaufen ist, hat zu allen interessanten Bücherneuerscheinungen Eigenes und Bedeutendes zu sagen und hält auch bei schwierigsten Diskussionen über Neue Musik tapfer mit – obwohl sie nur einen Bruchteil all dieser Sachen wirklich selbst kennt. Das soll freilich nicht heißen, daß sie nie ins Theater ginge. Aber sie verläßt sich doch so manches Mal auf den Verriß in der Zeitung – und spart sich die Mühe und den Ärger. Da geht sie doch lieber zu Vernissagen und Ausstellungen, wo sie nicht zweieinhalb Stunden lang stillsitzen muß, sondern die tiefsinnigen Gedanken, die ihr beim Betrachten der Bilder kommen, gleich an ihren Begleiter (oder häufiger: ihre Begleiterin) weitergeben kann. Denn noch viel wichtiger als die Kunst selbst ist ihr der Austausch darüber.

Nur – leider! – gibt es so wenige Menschen, mit denen sie ihr tiefempfundenes Interesse an künstlerischen Erzeugnissen wirklich teilen kann. Die meisten sind eben einfach Ignoranten, die gerade mal wissen, daß Picasso Maler und nicht Komponist war. Mit Kulturbanausen mag sie sich nun wirklich nicht abgeben, das ist vergeudete Zeit! Deshalb ist sie auch außerhalb einer bestimmten Szene immer seltener zu sehen. Ihr ganzes Bestreben geht dahin, irgendwann dem Kreis der *happy few* anzugehören, die in den Genuß von Premierekarten für die Oper und vergleichbaren Kulturprivilegien kommen. Auch ihr Interesse für Kulturkritiker mag da seinen Ursprung haben, obschon sie das weit von sich weisen würde: Sie kann halt einfach mit ungebildeten Männern nichts anfangen. Und da die meisten Knaben ihres Jahrgangs ihren hohen Ansprüchen an gehobener Unterhaltung nicht gerecht werden, hält sie sich an ältere Semester. Die läßt sie aber sofort stehen, wenn da am Horizont ein junger Künstler auftaucht. Diesen sensiblen Naturen gilt ihre ganze Leidenschaft – und wenn ein solcher Mann sie eines Tages fragen sollte, ob sie nicht seine Muse werden will, sie würde freudigst bejahen. Denn dann könnte sie endlich und wirklich der Kunst dienen! Sie selbst verfügt nämlich leider, was sie nicht wirklich wahrhaben will, über keinerlei wie auch immer geartetes Talent, auch wenn sie sich in kreativen Schüben immer mal wieder an einem Bild, einem Gedicht, einer Kurzgeschichte oder einer Plastik versucht. Ja, zu Zeiten heftig gesteigerten Lebensgefühls kann sie einfach nicht anders, da muß sie sie herauslassen, die aufgewühlten Emotionen.

Sie hat schon eine ganze Kladde voll mit Liebesgedichten, und eigentlich würde sie die sehr gern veröffentlichen. Sie beteiligt sich auch regelmäßig an Lyrikwettbewerben, obwohl sie es im Grunde haßt, daß ihre Kunst zu solcherlei Prostitution gezwungen ist. Aber andererseits hofft sie insgeheim doch immer noch auf den großen Durchbruch. Jeden Herbst reist sie nach Frankfurt am Main – zur Buchmesse nämlich. Diese ist für jeden bibliophilen Menschen der absolute Höhepunkt des Jahres! Sie liebt es, sich durch die Massen zu schieben – und dabei manchmal auf Tuchfühlung mit einem richtigen Schriftsteller zu kommen. Vor ein paar Jahren hat sie ein Autogramm von Ephraim Kishon ergattert, den sie zwar schon immer etwas trivial fand, den sie aber seitdem mit ganz anderen Augen sieht, denn er war – wirklich! – unvorstellbar charmant. Bei allen wichtigen Verlagen sammelt sie Broschüren ein, Ankündigungen von Neuerscheinungen, kurzgefaßte Inhaltsangaben von Klassikern, die sie schon immer mal lesen wollte, wenn sie nur die Zeit gefunden hätte. Diese Druckerzeugnisse versorgen sie für eine ganze Party-Saison mit Gesprächsstoff – und in ihren Smalltalks (der bei ihr freilich nicht so *small* ist wie bei normalen, also teilweise oder gar völlig kulturunbeflissenen Sterblichen) kann sie immer mal Sätze einflechten wie: «Als ich auf der vorletzten Buchmesse mit XY sprach...» Das tut gut! Sie hat ihn zwar, wenn sie ganz ehrlich sein sollte, nur von hinten gesehen, aber abends gab es ein Interview mit ihm im TV – und außerdem kennt sie einige seiner Arbeiten so gut, und sie sagen ihr so sehr viel, sprechen sie so tief an, das ist, als wenn sie ihn wirklich persönlich kennen würde.

Von allen Jahreszeiten mag sie den Sommer am wenigsten leiden, denn da ist auch in Sachen Kultur Sauregurkenzeit. Allerdings registriert sie mit Entzücken, daß in den letzten Jahren der internationale Sommer-Festival-Betrieb einen kräftigen Aufschwung erhalten hat. Zwar hat sie weder die Zeit noch das Geld, da irgendwo hinzufahren. Aber wenigstens steht etwas Gescheites in der Zeitung!

Wenn sie, beispielsweise von ignoranten Verwandten, nach ihren Berufszielen gefragt wird, pflegt sie prinzipiell zu antworten, daß für sie nur irgend etwas in Sachen Kultur in Frage komme. Kommt ihr dann einer mit der Bemerkung von den brotlosen Künsten, dann kann sie diesen materiell-zwangsfixierten Banausen von einem Vulgär-Kapitalisten nur mitleidig anlächeln und versichern, daß für die Kunst schon immer Opfer gebracht wurden – und daß sie dazu bereit sei, ihrerseits Opfer für die Kunst zu bringen, auch wenn das einige Leute offensichtlich nicht wertzuschätzen in der Lage seien. Gleichwohl wird sie mit der größten Wahrscheinlichkeit eines Tages einen ganz normalen Bürojob innehaben und froh sein, daß sie ihren Mangel an technischen Fertigkeiten halbwegs mit ihrer umfassenden Scheingelehrtheit und Halbbildung ausgleichen kann. Und irgendwann erzählt sie ihren Nichten und Neffen dann von der Zeit, als sie alle Größen der Kulturszene nach dem Theater im Künstlerkeller zu treffen pflegte – damals in ihrer kulturbewegten Jugend.

Wenn Sie sich tatsächlich immer noch für die Gattung Kulturbeflissene interessieren sollten, dann tun Sie gut daran, ein bekannter Feuilletonist, besser noch: ein sensibler junger Künstler zu sein. Mindestens aber sollten Sie ab und an Freikarten für die Oper zur Hand haben!

In den Tempeln des Konsums: Die heimlich Verführten

Im Land der unbegrenzten Möglichkeiten hat es sich längst herumgesprochen – Kontakte zum anderen Geschlecht lassen sich problemlos beim Einkaufen knüpfen. Deshalb schlagen wir Ihnen als nächsten Beobachtungsposten den Supermarkt oder – für gehobene Ansprüche – das Feinkostgeschäft vor. Achten Sie genau darauf, was das von Ihnen ins Auge gefaßte Objekt einkauft – und Sie werden sich ein Bild von ihr machen können. Vergessen Sie aber dabei nicht Ihren eigenen Einkauf und passen Sie auf, daß frau Sie nicht für den Ladendetektiv hält!

Im Dutzend billiger: Die Sonderangebots-Frau

Die Sonderangebots-Frau ist ein schwer zu fassendes Wesen. Sie verfügt in hohem Maße über die Fähigkeit, sich unterschiedlichsten Umgebungen durch perfekte Tarnung anzupassen. Im Gegensatz zur Markenartikel-Frau, die erst oberhalb einer bestimmten Einkommensgrenze vorkommt, findet sich die Sonderangebots-Frau in allen Bevölkerungsschichten. Sie ist auch deswegen schwer zu fassen, weil ihrem Verhalten verschiedene Motive zugrunde liegen können: Von schlichter, notwendiger Sparsamkeit bis zum pathologisch zu nennenden Bevorratungstrieb gibt es jede Menge Erklärungen, die in Erwägung gezogen werden müssen.

Relativ einfach ist es hingegen, die verschiedenen Arten von Sonderangebots-Frauen aufzuspüren. Zur Vorbereitung empfiehlt sich die Lektüre der Reklamezettel, die unsere Briefkästen mit schöner Regelmäßigkeit verstopfen. Das Aufsuchen eines Ladens mit besonders verlockend erscheinenden Angeboten erlaubt dann die ungehinderte Beobachtung. Zur Tarnung dient ein Einkaufswagen, in dem sich – der Glaubwürdigkeit halber – ein paar Waren befinden sollten. In kritischen Momenten genügt es, sich dem eingehenden Studium irgendeines Etiketts zu widmen, und man wird keinen Verdacht erwecken.

Der erste Typ der Sonderangebots-Frau ist zu bedauern, aber relativ uninteressant: Sie verfügt ganz einfach über ein sehr geringes Budget. Aus purer Notwendigkeit ist sie Stammkundin im Billigsupermarkt, kauft Brot vom Vortag für eine Mark pro Kilo – und gönnt sich nur zu besonderen Anlässen zwei Scheiben Schinken. Ihre Kleidung kauft sie grundsätzlich im Schlußverkauf, im Second-Hand-Laden und/oder auf dem Flohmarkt. Da hat sie auch den größten Teil ihres Hausrats her: eine wahrhaft kunterbunte Kollektion von Tassen, Tellern und Bestecken, zugleich vergilbte Zeugen vergangener Zeiten. Zu essen gibt es bei ihr abwechselnd Spaghetti mit Tomatensoße und Ravioli wie auch Bratkartoffeln und Gurkensalat. Bezeichnenderweise hat dieser Typus keine Schwierigkeiten, auf aufwendigere Lebensführung umzusteigen, wenn die Geldknappheit beendet ist.

Ganz anders verhält es sich bei der zwanghaft Geizigen. Dieser Typ kann sich wochenlang darüber ärgern, daß die Eiernudeln woanders 20 Pfennig billiger zu bekommen gewesen wären. Bei ihr ist der Preisvergleich eine alltägliche Stilübung mit pragmatischen Konsequenzen: Sie legt auch längere Strecken zurück, wenn es darum geht, günstiger einzukaufen. Daß Zeit Geld ist, gilt dann für sie nicht. Ihr Geiz siegt da über jede Vernunft! Dieser Typus ist selten in der Lage, etwas zu genießen: Lebensmittel sind für die Sonderangebots-Frau nur Kalorienlieferanten, kulinarische Qualität, die ihnen innewohnen könnte, interessiert sie nicht. Nun ist es auch keineswegs so, daß sie das gesparte Geld in weite, teure Reisen investieren würde, nein, auch im Urlaub jagt sie nach Angeboten: Die Wahl des Orts ist nur vom Preis abhängig, und sie bewohnt in der Nebensaison ein miserables Zimmer an einer lauten Straße, weil sie nicht einsieht, nur fürs Schlafen soviel Geld auszugeben.

Ihr Geiz macht sie relativ unbeliebt, denn auf eine Party

kommt sie prinzipiell mit leeren Händen, dafür packt sie, noch vor Ende, die Reste des kalten Buffets ein. Und wenn sie selbst einlädt, dann fordert sie auf, Salate mitzubringen; ihre Gastfreundschaft erschöpft sich darin, ihre Wohnung zur Verfügung zu stellen. Die einzigen, die sich irgendwann einmal über die Auswirkungen ihres Geizes freuen dürfen, sind ihre Erben. Nach ihrem Ableben finden sich unvorstellbare Summen, oft auch versteckte Goldvorräte, Grundstücke, von denen niemand wußte – und ein kompletter Satz Tafelsilber, das zu benutzen sich nie Gelegenheit bot, weil das das Bereitstellen eines größeren Essens erfordert hätte. In aller Regel verfügt dieser Typ Sonderangebots-Frau testamentarisch, in einem einfachen Sarg und ohne Aufwand bestattet zu werden.

Wenden wir uns dem nächsten Typ zu: Das ist die Sonderangebots-Frau, der das Sparen am rechten Ort dazu dient, sich Luxus zu leisten, den sie sich sonst verkneifen müßte. Diese Frau kauft einmal im Monat einen Kofferraum voll Grundnahrungsmittel im Billigladen und betreibt eine ausgeklügelte Vorratswirtschaft; sie kellert ein, bunkert, kühlt tief – alles zur günstigsten Zeit! Dafür können ihre Gäste aber auch durchaus damit rechnen, bei ihr Lachs serviert zu bekommen. Nicht aus Not, nicht aus Geiz, sie spart eben wegen des Vergnügens! Es macht ihr Spaß, als aufgeweckte Konsumentin zu gelten. Sie schätzt Schnäppchen, weiß aber, daß es nicht lohnt, 8 Kilometer zu fahren, um 14 Pfennig zu sparen. Für 200 Mark, die sie sparen kann, fährt sie aber auch 50 Kilometer.

Sie hat Spaß am Organisieren und denkt langfristig: Anders als viele andere achtet sie bei Angeboten auch darauf, ob sie sie überhaupt gebrauchen kann. Hoffnungslos unmoderne Schuhe für 5 Mark braucht sie nicht; dafür leistet sie sich einen exklusiven Kaschmirschal, wenn sie unerwartet den dazu passenden Wintermantel zum halben Preis bekommt. Auch beim Urlaub steht sie auf Angebote, aber differenziert: Ein paar Tage später fahren, um zu sparen, das ist in Ordnung, aber woanders hinfahren, weil's billiger ist, nein! Sie hat klare Qualitätsvorstellungen und läßt sich leiten von Vernunft. Wenn Ihnen das verlockend scheint, sprechen Sie ruhig mal eine Vertreterin dieses Typs an; doch machen Sie sich nicht zuviel Hoffnung: Auch bei Männern hat sie einen guten Blick für die wirklichen Schnäppchen – und hat mit großer Wahrscheinlichkeit schon beherzt zugegriffen.

Es gibt noch einen Typus Sonderangebots-Frau; wir müssen vorwegschicken, daß es sich hier um einen ziemlich hoffnungslosen Fall handelt. Haben die anderen Typen mehr oder weniger gute Gründe für ihr Verhalten, geht es hier um pathologischen Kauf- und Sparzwang. Der wird ausgelöst vor allem von durchgestrichenen Preisschildern, neben denen der neue, viel günstigere Preis prangt. Auch die Worte «Früher... jetzt...» üben magische Wirkung aus auf unsere zwanghafte Käuferin. Immer wieder wird sie Opfer von Schlußverkäufen, Räumungsangeboten und Sonderpreisen bei Abnahme großer Stückzahlen. Und so ist auch ihre Wohnung voll von Dingen, die sie nicht braucht und nicht gebrauchen kann, an denen sie aber nicht vorbeikam, weil sie sooo günstig waren. Die Logik, die ihrem Tun zugrunde liegt, besagt, daß frau nur spart, indem man weniger ausgibt! Wenn das keine Dialektik ist!

Ihre Freundinnen beschenkt sie mit kaum getragener Kleidung; zum Beispiel hat sie das erbsengrüne Kleid jetzt verschenkt: Das war ein bißchen zu eng, aber sehr preiswert, und sie dachte sich, daß sie die zwei Kilo schnell abnehmen könnte. In einer ihrer Schubladen lagern 50 Feinstrumpfhosen aus der Konkursmasse eines Kurzwarenladens; der Farbton ist zwar unmodisch, aber die Mode ändert sich auch wieder. Als Video-Recorder so preiswert waren, hat sie rasch 450 DM gespart, indem sie einen kaufte. Dann hat sie noch mal enormes Geld gespart, indem sie gleich 100 Kassetten (bei 10 Prozent Preisnachlaß) erworben hat. Der Recorder und die Kassetten sind jetzt im Keller; wenn sie mal Zeit hat, sich damit zu beschäftigen, holt sie die Sachen hoch. Ja, der Keller, da stapeln sich mehrere hundert Dosen neben zwei kompletten Sätzen Winterreifen, daneben lehnen ein 30-Kilo-Sack Zwiebeln und ein 25-Kilo-Sack Kartoffeln an der prallvollen zweiten Tiefkühltruhe.

Sollten Sie sich für eine solche Frau interessieren, so brauchen Sie ihr nur ein günstiges Angebot zu machen. Aber seien Sie gewarnt: Innerhalb kürzester Zeit sind Sie Besitzer der größten Sammlung geschmackloser Krawatten; Stück für Stück echte Sonderangebote.

Frau Sommer und das schlechte Gewissen: Die Markenartikel-Frau

Die Markenartikel-Frau ist typischerweise eine Hausfrau, die eine anspruchsvolle Familie zu versorgen hat. Sie wohnt in der Regel in einem gepflegten Vorort im Grünen, meist im eigenen Heim mit Vorgarten, Terrasse und unkrautfreiem Rasen. An den Fenstern ihres Musterhaushalts hängen die Gardinen mit der Goldkante, strahlend weiß, weil sie regelmäßig den Grauschleier rauszwingt. Die Fensterscheiben selbst werden zweimal im Monat streifenfrei und glänzend geputzt. Auf den Fensterbänken stehen Pflanzen in Reih und Glied; ihr üppiges Wachstum verdanken sie den Düngern, die die Vegetationspunkte aktivieren. Die Böden im Haus sind so sauber, daß man sich darin spiegeln kann. Die Teppiche werden jeden zweiten Tag mit dem Klopfsauger bearbeitet, und zeigt sich – trotz eingebautem Fleckenschutz – mal ein Schatten, so wird der zuverlässig weggesprüht. Die Möbel erstrahlen in hellem Glanz, den sie je nach Oberflächenbeschaffenheit dem Reiniger verdanken, der hart zu Schmutz und sanft zu Flächen ist, oder aber der Möbelpolitur mit kalifornischem Mandelöl.

Die Küche der Markenartikel-Frau ist ein wahres Marken-Paradies. Da steht der Kühlschrank, der weiß, was Frauen wünschen, neben dem Geschirrspüler, der seiner Zeit schon immer eine Ebene voraus war. Mit ihren Einbauschränken hat sie eine Entscheidung fürs Leben getroffen, und ihr Herd bringt selbstverständlich Superleistung. Durch den Raum zieht der dezente Zitronenduft vom Spülmittel, das strahlenden Glanz ohne Abtrocknen aufs Geschirr zaubert.

Im Bad und WC ist alles o. k.! Kein Kalkfleck verunziert die Kacheln, die Handtücher sind flauschig, ja porentief aprilfrisch, auf dem Badewannenrand steht das Shampoo für Spannkraft im Haar; und damit ihre Kinder auch morgen noch kraftvoll zubeißen können, kauft die Markenartikel-Frau immer die Zahnpasta, die der Zahnarzt auch seiner Familie empfiehlt. Ihr Mann braucht für seine dritten Zähne die Tabletten mit Aktiv-Sauerstoff und alle nehmen das Mundwasser für sympathischen Atem. Weil nur gesunde Haut schön sein kann, achtet sie beim

Kauf von Seife und Badeschaum nicht nur auf den richtigen Namen, sondern auch auf den richtigen pH-Wert.

Sie selbst läßt an ihre Haut nur Wasser und ein ganz bestimmtes Präparat. Und für ihr Haar nimmt sie den Wirkkomplex mit haartypgerechten Ingredienzien. Das mag ihr Haar und dankt es ihr mit seidigem Glanz. Aber so wichtig ihr auch ein gepflegtes Äußeres ist – es bedeutet längst nicht alles für sie. Es ist zunächst einmal das Wohl ihrer Familie, was ihr besonders am Herzen liegt. Darin sieht sie ihren eigentlichen Lebensinhalt. Was aber nun ihre Lieben von ihr erwarten dürfen, darüber hält sie sich auf dem laufenden durch pflichtgetreues Anschauen der Sendungen des Werbefernsehens – das ist die Info-Börse ihrer Alltagsplanung. Wenn sie am gedeckten Abendbrottisch sitzt und auf ihre hungrige Familie wartet, ist ihr Blick auf die Mattscheibe gerichtet: Dort wird gerade mal wieder gezeigt, wieviel Meter Wäsche frau mit einem einzigen Paket des von ihr bevorzugten Waschmittels blütenweiß sauber kriegt. Gleich anschließend wird ihr vorgeführt, was passiert, wenn frau vom Pfad der Tugend abweicht und einen neuen Weichspüler ausprobiert: Die Familie bemerkt den Schwindel natürlich sofort und straft die Hausfrau mit Liebesentzug. Das ist eine Lektion, die sie längst gelernt hat! Ihr ist noch gut in Erinnerung, daß die Hausfrau früher mit Persönlichkeitsspaltung büßen mußte, wenn sie nicht die richtige Frische in die Wäsche spülte... da stand plötzlich das personifizierte schlechte Gewissen neben ihr... nein, so etwas würde sie ihrer Familie und sich selbst nicht antun.

Die Markenartikel-Frau ist nicht besonders risikofreudig, eher konservativ, und glaubt unerschütterlich an das Gute. Zum Beispiel an «das gute Gelb», das in ihren Lieblingsnudeln drin ist. Dieser Marke kann sie vertrauen, und sie läßt sich nicht irremachen von dem Gerede über einen Flüssig-Ei-Skandal. «Keine Experimente» ist ihr Motto, und wenn sie sich doch dazu durchringen kann, etwas Neues auszuprobieren, dann hat es ihr sicher der freundliche Herr aus dem Werbefernsehen nahegelegt. Der half ihr schon durch die schwierige Phase, als sie lernen mußte, daß Phosphat in Waschmitteln zwar für porentiefe Reinheit sorgt, aber dummerweise keinen sehr guten

Einfluß auf die Natur ausübt. Da hat eben dieser Herr ihr den Weg gewiesen zu einem von seiner Firma gütig entwickelten Waschmittel, das sowohl porentiefe Reinheit garantiert als auch die Umwelt schont. Mensch, hat sie das damals erleichtert. Auch daß sie bei ihrer gewohnten Marke bleiben konnte. Was sie sehr schätzt am Werbefernsehen sind die Vergleichstests; da geht es um das bessere Cola, die trockeneren Höschenwindeln, die frischere Wäsche und dergleichen mehr. Und sie freut sich immer, wenn sich das Gute gegen alle Konkurrenz durchsetzt. Das zeigt ihr, daß die Welt doch in Ordnung ist.

Neulich, da ist ihr etwas Interessantes passiert: Da ging es um so einen Orangensaft, den eine junge Hausfrau für einen frischgepreßten hielt. Die Markenartikel-Frau hat das daraufhin mal ausprobiert – und die Familie hat tatsächlich nichts gemerkt. Stolz hat sie dann das Geheimnis gelüftet, und die Familie hat sich unheimlich gefreut, mit einem einzigen Glas soviel sonnengereifte Orangen aufzunehmen, ja den Vitamin-C-Bedarf eines ganzen Tages so schmackhaft zu decken.

Selbstverständlich kriegen ihre Lieben zum Frühstück mehr als nur Vitamine. Die Haselnußcreme mit dem vielen Lecithin (so gut für die Nerven!) und dem Kalzium aus der Milch für das gesunde Knochenwachstum fehlt ebensowenig auf dem Frühstückstisch wie die Margarine, die sich ausdrücklich für die erste Mahlzeit des Tages empfiehlt. Ein wenig schade findet die Markenartikel-Frau daran nur, daß bisher in ihrem Haus noch nicht das eingetreten ist, was ihr in der Werbung für dieses Produkt immer so gut gefallen hat: daß die Kinder mit strahlender Miene Brötchen holen, Kaffee kochen, den Tisch decken. Das bleibt doch eben immer an ihr hängen. Dafür kann sie sich über ihre Kinder nicht beklagen, wenn es darum geht, sie vom Spielen an den Mittagstisch zu locken. Da schwört sie auf ein Nudelgericht von einer Firma, die klipp und klar sagt, nur Gutes verdiene ihren Namen. Das gefällt ihr! Aus diesem Haus stammt auch der Lieblingsketchup ihrer Kinder und der Schmelzkäse, den sie immer haben wollen. Sogar Spinat essen die lieben Kleinen, weil sie immer den mit dem Blubb frischer Sahne kauft. Für den kleinen Hunger gibt sie ihnen die Schokolade mit viel Milch und wenig Kakao, zur Belohnung die in dem lila Papier. Davon muß sie immer einen großen Vorrat bereithalten, weil da auch ihr Mann nicht nein sagen kann.

Nein, was Markenartikel betrifft, da macht ihr keiner so leicht was vor. Deshalb macht sie auch bei allen Preisrätseln mit, die sie in den Zeitschriften finden kann. Da füllt sie dann aus, was eine gute Suppe macht, ergänzt den Slogan «Nichts geht über...» mit dem Namen der gesuchten Dosenmilch, beantwortet die 10000-DM-Preisfrage und beteiligt sich am Wettbewerb um den goldenen Kochlöffel. Einmal hat sie zwei Dosen Katzenfutter gewonnen, aber die hat sie an die Nachbarin verschenken müssen, denn sie hat nur einen Wellensittich, der Jod-S-11-Körnchen pickt.

Die Markenartikel-Frau bestellt auch alle Broschüren aus Frau Antjes Kochstudio, läßt sich Informationen und Rezeptideen der Soßenfirma ihres Vertrauens schicken und kann so ihre Familie immer wieder mit neuen Kreationen überraschen – ohne das Risiko eines Markenwechsels eingehen zu müssen.

Vor einiger Zeit hat die Markenartikel-Frau entdeckt, wie sie ihr umfangreiches Wissen auch anderen zugute kommen lassen kann. Bei einem Einkaufsbummel in der City wurde sie von einem freundlichen jungen Mann angesprochen, der sie fragte, ob sie sich für eine gute Hausfrau halte. Was für eine Frage! Dann wollte er wissen, ob sie einen bestimmten Orangensaft kennt, und das war doch tatsächlich genau der, den sie neulich erst so erfolgreich bei ihrer Familie eingeführt hatte. Da hat sie dann gesagt, wie gut sie den Saft findet, und hat noch einen Blind-Test gemacht, bei dem sie natürlich auch herausgekriegt hat, welcher der bessere Saft ist. Alles wurde notiert, und sie hat noch 5 Mark bekommen. Zwei Wochen später war sie wieder in der Gegend, und der junge Mann war auch wieder da, und diesmal hat er sie nach ihrer Meinung über ein Dampfbügeleisen gefragt. Sie hat probegebügelt, kommentiert, und dafür gab's eine Flasche Piccolo. Seitdem geht sie häufig zum Einkaufen in die Stadt, hofft, noch oft testen und dem Guten zum Sieg verhelfen zu können – und träumt ein bißchen von einer Fernsehkarriere. Ja, bisweilen kommt sie richtig ins Tagträumen.

Da ist ihr doch – Tagträume! – neulich das Essen etwas angebrannt, und die Kinder haben sie sehr vorwurfsvoll angesehen.

Ihr Gewissen regte sich schon ganz bedrohlich, da fiel ihr ein, wie sie das Lächeln wieder auf die Gesichter ihrer Kinder zaubern könnte: eine Portion ihrer Lieblingsnudeln, eine kräftige, aromatische Soße – und der Frieden war wiederhergestellt: Ihr Mann hat sie sogar umarmt und gesagt: «Mutti ist doch die Beste, nicht wahr, Kinder?»

Engagiert essen: Die fortgeschrittene Reformköstlerin

Um der fortgeschrittenen Reformköstlerin, auch Vollwertfrau genannt, über den Weg zu laufen, müssen Sie Ihren Beobachterposten im Supermarkt verlassen und den verschlungenen Pfaden folgen, die die Reformköstlerin auf ihren Vollwertlebensmittelbeschaffungstouren benutzt. Denn das schlichte Einkaufen im Discountladen hat sie längst hinter sich gelassen: Der geheimen Verführung eines Supermarkts setzt sie sich nicht aus! Die Vollwertfrau ist nämlich eine durch und durch bewußte Konsumentin und läßt sich nichts vormachen, kein X für ein U, kein Ei von einem Batteriehuhn für eines von einem glücklichen, freilebenden Federvieh – und schon gar nicht irgendeinen zuckerhaltigen Müsliriegel für Biokost. Die Reformköstlerin kauft nichts nach dem Aussehen ein, selten etwas nach dem Geschmack und im Zweifelfall erst, nachdem sie die Ware mit ihrem handlichen Strahlenmeßgerät auf eventuelle radioaktive Belastung geprüft hat.

Bis sie sich wirklich fortgeschritten fühlen darf, ist es für die Vollwertfrau ein langer und beschwerlicher Weg. Wenn sie nicht zur alten Garde der Reformköstlerinnen gehört (die ganz echten kommen kaum noch vor: charakteristisch sind Zugehörigkeit zur Wandervogelbewegung, eine Vorliebe für handgestrickte schafwollene Kleidung und eine ganz bestimmte Art von Knotenfrisuren), wenn sie also schon aus Altersgründen eine der neuen Vollwertfrauen ist (die alten wären für Sie nicht weiter von Interesse, nicht wahr?), dann meist aus dem Grund, daß ihr eines Morgens einfach schlecht geworden ist, nachdem sie in der Zeitung die x-te Meldung über Gift im Essen gelesen hatte. Damals sagte sie sich: «Der Mensch ist, was er ißt.» Das waren bei ihr bis dahin meist Konservenkost, Schnellimbiß-Menüs, Süßigkeiten für den Hunger zwischendurch – ja, mit einem Wort: Junk Food! Geraucht hat sie auch, und ein Bierchen zum Feierabend, auch mal zwei, drei, der Sekt im Büro zum Wochenende, die Cocktails vor dem Essen – das alles gehörte für sie einfach dazu. Dann erfuhr sie von allen Seiten, wie schrecklich ungesund solches Leben ist. Irgendwann war sie dann überzeugt und beschloß, sich und ihre Eßgewohnheiten zu ändern. Gesagt, getan! Doch so einfach war es auch wieder nicht! Kaum war sie von Alkohol auf Mineralwasser umgestiegen (und damit unversehens in den kleinen Kreis der Trendsetter aufgestiegen, um den Preis, in den ersten Nächten Schlafstörung zu erleiden), mußte sie in der Zeitung Schreckliches über den Nitratgehalt ihres neuen Lieblingsgetränks lesen. Seitdem kauft sie Wasser nur nach dem Testbericht ihrer Bio-Zeitschrift. Auch der Umstieg von Kaffee auf Tee war nicht ohne Tücken; nicht nur war sie tagelang müde, auch vergällten ihr Reportagen über den Insektizidgehalt den neuen Geschmack. Damals schloß sie Bekanntschaft mit einer Bürgerinitiative – etwas, was ihr früher nie in den Sinn gekommen wäre. Zuerst war sie auch ein bißchen mißtrauisch, als sie den Zettel mit der Kontaktadresse am Schwarzen Brett des Reformhauses entdeckte. Aber sie ging, einfach so aus Neugier, mal hin. Und da wurden ihr erst einmal die Augen geöffnet. Seit sie weiß, was man mit der Nahrung so alles zu sich nehmen kann, hat sie sich angewöhnt, nicht mehr von Lebens-, sondern von «Überlebensmitteln» zu sprechen. Und was dieses Prädikat verdient, stammt aus biologisch-dynamischem Anbau, ist mehrfach rückstandskontrolliert – und nur in ideologisch einwandfreien Läden zu bekommen.

Die Vollwertfrau kauft ein: Vollkornbrot beim Bio-Bäcker, Milch und Eier bei einer Bauersfrau, die eine gute Stunde von der Stadt entfernt wohnt, ungespritztes Gemüse bei einer alternativen Landkommune, und alles, was sie sonst noch braucht, kriegt sie im Naturkostladen oder im Reformhaus. Fleisch kauft sie überhaupt keines mehr. Sie ist nämlich überzeugte Vegetarierin, seit sie mit ihrer Gruppe mal einen Informationstrip zum örtlichen Schlachthof unternommen hat. Und seit sie gelesen hat, welche Krankheiten man/frau sich durch den Verzehr von Schweinefleisch einhandeln kann, ist sie regelrecht missionarisch tätig: Wo sie hinkommt, und wo es ihr gelingt, das Gespräch auf Eßgewohnheiten zu bringen (darin hat sie inzwischen einige Übung), klärt sie ihre Mitmenschen auf über die Gefahren, die in Schnitzel und Würstchen lauern. Auch hält sie gern Vorträge im privaten Kreis – zum Beispiel über Eiweißbausteinkombinationen: erstens muß das Gemüse giftfrei sein, zweitens muß es schonend zubereitet werden, drittens sollte es aus einheimischem Anbau stammen. Denn die seriöse Reformköstlerin kann es nicht gutheißen, daß Spargel aus Südamerika und Erdbeeren aus Israel eingeflogen werden. Sie macht sich ihre Gedanken nicht nur über die Giftigkeit der Nahrung, sondern auch über ideologische Hintergründe.

So ist nicht nur ihr Küchenzettel vollwertig reformiert. Auch in ihrer Wohnung legen alle möglichen Details Zeugnis davon ab, daß sie zu den kritischen, informierten, wachsamen Konsumentinnen gehört. Sie benutzt nur ungebleichtes Klopapier aus 100 Prozent Altpapier. Auch ihren Freunden schreibt sie auf Umweltschutzpapier, das sie in einem selbstverwalteten Betrieb einkauft. Alles in ihrem Haushalt wird mit Neutralseife gereinigt, allzu hartnäckigem Schmutz rückt sie mit biologisch abbaubarer Essigsäure zu Leibe. Abfälle sammelt sie – selbstverständlich – getrennt nach Papier, Glas und Aluminium; ja selbst ein Joghurtbecherdeckel wird bei ihr wieder dem Recycling zugeführt. Wenn es, besonders an heißen Tagen, in ihrer Küche ein wenig streng riecht, dann kommt das vom Komposteimer.

Ihren Kosmetikverbrauch hat sie drastisch eingeschränkt; und wenn sie mal eine neue Hautcreme braucht, dann kommen nur solche in Frage, die nicht auf Grund von Tierversuchen gewonnen werden. Aber eigentlich ist sie mit ihrer Devise «Zurück zur Natur!» so weit gelangt, Verschönerungsmittel aller Art abzulehnen. So wie sie nur unverfälschtem Gemüse etwas abgewinnen kann, findet sie sich seit einiger Zeit ohne Make-up viel schöner, weil – eben! – naturbelassen. Und zu ihren Falten steht sie inzwischen. Neulich hat sie übrigens einen Friseur entdeckt, der umweltverträgliche Dauerwellen anbietet und seiner Kundschaft den Kopf nur mit Produkten auf Pflanzenbasis wäscht. Da wird sie demnächst mal vorbeischauen.

Mit ihren hohen Anforderungen an die Nahrung, die sie zu sich nimmt, hat sie übrigens einen beträchtlichen Teil ihres Freundeskreises vergrault. Seit sie das Rauchen aufgegeben hat, betritt sie grundsätzlich Wohnungen von Rauchern nicht mehr; nicht etwa aus Angst, rückfällig zu werden, ach was! – sondern weil ihr der Dioxingehalt der Atemluft zu hoch ist. Einladungen zum Essen kriegt sie kaum noch, denn es hat sich herumgesprochen, daß sie bei Tisch kaum zufriedenzustellen ist. Hat sich eine Gastgeberin darauf eingestellt, daß die Vollwertfrau kein Fleisch ißt, und bietet einen, wie sie meint, leckeren Salat an, dann fragt die Vollwertfrau garantiert, ob das Öl, mit dem der Salat angemacht ist, auch wirklich kalt gepreßt worden ist. Wenn nicht, ja dann kann sie den Salat leider nicht essen.

Lädt sie ihre Freunde zu sich ein, dann gibt es Rohkost und Sprossen, Gemüsebrühe und Tofu und als Nachtisch reicht sie ungeschwefelte Trockenaprikosen. Alkohol kommt ihr nicht mehr ins Haus, und sie kann nicht verstehen, daß ihre Gäste ihre Begeisterung für den frischgepreßten Karottensaft nicht teilen. Geraucht darf auch nicht werden, damit glaubt sie ihren Raucherfreunden Gutes zu tun. So hat sie die Freunde aus ihrer Prä-Vollwert-Phase teils verloren, teils abserviert. Dafür aber hat sie Anschluß an Gleichgesinnte gefunden. Die lernte sie kennen in dem Kochkurs, den das Reformhaus offerierte: «Köstliches aus Körnern». Ihre Freizeit verbringt sie jetzt nicht mehr mit konsumorientierter Geselligkeit; sie engagiert sich lieber in der Kooperative, die einen Bauernhof unterstützt (finanziell und vor allem moralisch), der auf biologische Anbauweise umstellt. Außerdem engagiert sie sich in der Strahlenmeßgruppe und in der Arbeitsgemeinschaft zur Befreiung des Käfighuhns (denn was mit diesen Tieren angestellt wird, mag sie – also wirklich! – nicht dulden). Übrigens hat sie nicht mehr soviel Freizeit wie ehedem: Sie backt ihr Brot jetzt selbst, das kostet schon einen vollen Abend pro Woche. Einen Nachmittag opfert sie, um – ehrenamtlich! – Mütter über die vollwertige Ernährung ihrer Kinder aufzuklären; einen weiteren Nachmittag verbringt sie damit, aufs Land zu fahren und für ihren gesamten Freundes- und

Bekanntenkreis (ob die nun wollen oder nicht) Milch und Eier zu kaufen, und einmal im Monat fährt sie in den Spessart zu einem bio-öko-ideologisch einwandfreien Imker, bei dem der Honig noch Honig ist. Ihr Geschirr spült sie wieder mit der Hand, die Pflege ihres neuen Kokosteppichs ist aufwendiger, als sie gedacht hätte, und die sorgfältige Zubereitung der täglichen Rohkostplatte dauert auch länger, als mal eben eine tiefgefrorene Pizza in den Backofen zu schieben. Dafür weiß sie aber auch, daß sie wirklich alles tut, was zu einer vollwertigen Lebensführung gehört. Und seit sie abends nicht mehr ausgeht, bekommt sie auch regelmäßig genügend Schlaf, um sich von einem anstrengenden (angestrengten?) Tag zu erholen, der mit Müslimahlen beginnt, mit Körnereinweichen weitergeht und mit Sprossenzüchten endet. Zwischendurch meditiert sie zur Entspannung oder sie macht ein paar auserwählte Yoga-Übungen zur Stärkung der auratischen Kreise. Ihre Gesundheit, ihre Haut und hoffentlich auch ihr Mann und ihre Kinder werden es ihr danken.

Sollten Sie sich für so eine Reformköstlerin interessieren... so müssen Sie im Reformhaus oder auf einem alternativen Bauernhof Stellung beziehen. Ohne Tabak und Alkohol könnte es Ihnen zwar bald langweilig werden, aber – seien Sie dessen versichert! – das Leben mit der Vollwertfrau wird Ihrer Gesundheit dienen – bis ins hohe Alter.

Genuß und Reue: Die Diät-Expertin

Wenn Sie beim Einkaufen einer Frau begegnen, die sich 50 Gramm Corned beef abwiegen läßt, zwei Scheiben Halbfettkäse und ein Putenschnitzel von exakt 125 Gramm, dann können Sie ziemlich sicher sein, es mit einer Diät-Expertin zu tun zu haben. Solche Frauen gibt es in allen Altersgruppen und vor allem Gewichtsklassen. Die Dünnen treibt die Panik, die mühsam zusammengehungerte Figur könnte wieder aus der Form geraten. Die Dicken starten ständig neue Versuche, sich dem Idealgewicht zu nähern, die sie aber meist schnell wieder aufgeben – und sich mit ihrem schweren Knochenbau und/oder langsamen

Stoffwechsel herausreden. Die Jungen haben vielleicht gerade beschlossen, nie dick zu werden, und die etwas Älteren finden es an der Zeit, dem unaufhaltsamen körperlichen Verfall etwas entgegenzusetzen. Und ihnen allen ist gemeinsam, daß sie sich von einer Diät mehr versprechen als nur Gewichtsreduktion: Eigentlich geht es um Jugend, Schönheit, Attraktivität – und Schlankwerden ist nur das Mittel zum Zweck.

Diät-Expertinnen aller Art kennen sich aus mit Kalorientabellen, Fettgehaltsstufen und Ballaststoffanteilen. Dieses profunde Wissen haben sie sich in langen Jahren theoretischen und praktischen Studiums verschiedenster Diäten angeeignet. Und sie bringen es immer wieder auf den neuesten Stand durch eifrige Lektüre einschlägiger Frauenzeitschriften. Und natürlich durch unermüdliches Ausprobieren des lesend erworbenen Wissens. Denn vom Durchlesen von Diät-Vorschlägen wird frau ebenso wenig dünner wie sie vom Anschauen von Speisekarten satt wird. Das Besondere an Diäten ist, daß jeweils die neueste auch die beste bisher dagewesene ist: Die neueste verspricht das Dahinschmelzen der Pfunde in kürzester Zeit, die allerneueste das Abnehmen ohne Hungern und die allerallerneueste stellt den dauerhaften Erfolg in den Vordergrund: «Polster weg – für immer!!»

Und immer wieder findet sich ein ans Wundersame grenzendes Mittel, das nun wirklich, und zwar endgültig, Schluß macht mit dem Übergewicht: Akupunktur, Massage des Appetitzentrums, Brennesseltee, Hypnose, Autosuggestion mit Hilfe eines Lernprogramms auf Kassette, problemlos im Halbschlaf anzuhören – all das hat die Diät-Expertin schon längst hinter sich. Nur leider haben alle diese mehr oder weniger teuren Experimente nicht recht gewirkt. Aus irgendeinem unerfindlichen Grund schienen alle Kuren Heißhungeranfälle und unstillbare Schokoladengier geradezu heraufzubeschwören.

Charakteristisch für eine Diät-Expertin ist ihre Küche. Da findet sich neben der unvermeidlichen Teflonpfanne auch ein Vorrat fast aller auf dem Markt befindlichen Knäckebrotsorten. Daneben verfügt sie über ein Sortiment fettarmer Gemüsebrühen, über Magermilchpulver, kalorienärmste Süßstoffe aller Arten und zuckerfreie Kaugummis. Der Kühlschrank ist voller Fla-

schen mit Diät-Limonade. Und irgendwo in einer staubigen Ecke verwahrt sie angebrochene Schachteln und Tüten mit Schlankheitskörnern, Eiweißgranulat, Weizenkleie und Trockenpflaumen: alles Überreste abgebrochener Diätversuche, stumme Zeugen des Siegs des Appetits über den Willen.

Diät, das weiß die Expertin aus Erfahrung, ist eine saisongebundene Angelegenheit: Die klassischen Zeiten für magere Kost sind die ersten Tage des Jahres (da hat sie gerade viele gute Vorsätze gefaßt), die Zeit nach Karneval (da geht die Party-Saison zu Ende), die Zeit vor dem Sommerurlaub (weil der Bikini nicht so sitzt, wie er sitzen soll), die Zeit unmittelbar nach dem Sommerurlaub (weil sich die im Urlaub genossenen Spaghetti, Paella, Cocktails und Eisbecher zu Röllchen auf den Hüften verwandelt haben) und die Zeit vor Weihnachten (damit sie sich ein einziges Mal im Jahr beim Essen nicht zurückhalten muß). Neben diesen festen Terminen gibt es aber noch viele andere Gründe, die ein paar Diät-Tage notwendig erscheinen lassen: der Kauf eines Rocks, der am Bund ein wenig spannt, ein bevorstehendes Klassentreffen, bei dem sie einen guten Eindruck machen will... und natürlich immer wieder der wahre und einzige Grund, sich kalorienmäßig zu kasteien: Männer. Die Aussicht auf ein Rendezvous mit einem Exemplar des anderen Geschlechts fördert in der Diät-Expertin unweigerlich das Talent zur Hungerkünstlerin zutage.

Für solche Kurz-Kuren empfehlen sich Diäten, die keine großen Anforderungen an Einkauf und Zubereitung stellen: Apfel-Eier-Diät, Sherry-Käse-Kur, ein Sauerkrauttag pro Woche– oder am besten einfach gar nichts essen! Der Erfolg solcher Aktionen zeigt sich umgehend auf der Waage, wenn schon nicht wirklich an der Figur. Die Diät-Expertin hat zwar irgendwo mal gelesen, daß dieser rasche Gewichtsverlust nicht auf dem Abschmelzen von Fett beruht, sondern lediglich auf vermehrter Wasserausscheidung. Aber da gerade sie eine Meisterin des Selbstbetrugs ist, hat sie das schon längst wieder vergessen. So steht ihr ein Mittel zur Verfügung, ihr Selbstbewußtsein, das sie allein aus ihrem Gewicht bezieht, bei Bedarf schnell ein wenig zu heben, indem sie ihr Gewicht – mittels Entwässerungstee – senkt.

Die Figur einer Diät-Expertin besteht vorwiegend aus sogenannten Problemzonen. Das fängt an beim Doppelkinn – sei es nun vorhanden oder eingebildet, geht über entweder zuviel oder aber zuwenig Busen zu Pölsterchen auf den Hüften über und hört bei ‹Orangenhaut› auf den Oberschenkeln noch lange nicht auf. Mit dem Mut der Verzweiflung unterwirft sich die Diät-Expertin von Zeit zu Zeit aufwendigen Gymnastikprogrammen, die den Deformationen des Körpers entgegenwirken sollen, die sie meist aber wegen Muskelkater nach drei Tagen wieder aufgibt. Zum Ausgleich für die erlittenen Qualen, und weil es ja doch alles völlig egal ist, schwelgt sie in verbotenen Genüssen: Erdnußbutter, Cremetörtchen, Currywurst – und immer wieder Schokolade. Nach einem solchen Sündenfall kehrt sie bald schon reumütig zu kalorienreduzierter Kost zurück, und der aussichtslose Kampf gegen die Kilos beginnt erneut. Diesmal – zur Abwechslung – mit einer Diät von der umständlichen Sorte, bei der frau zwar langsam, aber dauerhaft abnehmen soll; denn, so hat es die Diät-Expertin ihrer Fachzeitschrift entnommen: Nur eine Umstellung der Ernährungsgewohnheiten bringt den erwünschten Erfolg. Also macht sie sich daran, fünf kleine statt wie bisher drei große Mahlzeiten pro Tag zuzubereiten. Zum Frühstück: zwei Löffel Spezial-Müsli-Mischung, zwei kleingeschnittene Erdbeeren und ein Achtelliter Magermilch. Imbiß am Vormittag: eine halbe Scheibe Sesamknäcke mit etwas Senf und 15 Gramm Geflügelsülze. Mittagessen: eine Salatgurke in Würfel geschnitten, mit Salz und Pfeffer bestreut, dazu ein hartgekochtes Ei. Imbiß am Nachmittag: ein halbes Magerjoghurt mit einem Hauch Diät-Marmelade verrührt. Abendessen: zwei kleine Pellkartoffeln, 30 Gramm Hüttenkäse, ein Teelöffel gehackter Schnittlauch.

Dieses Diät-Programm hat in den erfahrenen Augen der Expertin einen unschätzbaren Vorteil: Sie kann, ja, darf den ganzen Tag ans Essen denken, ja, sie muß es geradezu! Denn das strikte Befolgen des Menüplans erfordert das Anschaffen eines Vorrats an Grundnahrungsmitteln, den täglichen Einkauf der Mikro-Portionen Fleisch, Gemüse, Magerquark und Magermilch – und schließlich eine ganze Menge Küchenarbeit:

«Schneiden Sie zwei mittelgroße Karotten in streichholzgroße Stifte, ein 10 Zentimeter langes Stück Gurke (maximal 60 Gramm) in kleine Würfel, kochen Sie drei Eßlöffel Reis (roh bemessen), würzen Sie mit einem halben Teelöffel Tomatenmark, und arrangieren Sie Ihre Mahlzeit hübsch auf einem kleinen Teller, so daß es nach mehr aussieht.» Gute, psychologisch fundierte Beschäftigungstherapie: Vor lauter Schnippelei kommt die Diät-Expertin gar nicht mehr dazu, etwa aus Langeweile eine Tüte Kartoffelchips auf- und leerzumachen, zumal sie ja noch den Büro-Imbiß für den nächsten Tag vorbereiten und ihre (diätetisch flankierenden) Gymnastikübungen absolvieren muß.

Auch wenn sie immer wieder darüber klagt, und tatsächlich auch oft genug ernsthaft leidet – ohne ihr Gewichtsproblem wäre das Leben der Diät-Expertin sinnentleert und öde. Sie braucht diese Aufs und Abs, auf der Waage wie im Leben, denn die geben ihr das Gefühl, daß da Bewegung ist in ihrem Dasein und nicht etwa Stillstand! Sie genießt die Sünden wider die Kalorientabelle im Grunde genauso wie die darauffolgende Reue – und sie leistet Abbitte für den Fehltritt, damit sie sich bald wieder einen erlauben kann. Und was sichert einem die Anteilnahme und Aufmerksamkeit der Freunde und Kollegen so sehr wie der in halb wehleidigem, halb stolzem Ton vorgebrachte Satz: «Ich bin auf Diät.»? Nichts macht nämlich den schlanken Mitmenschen mehr Spaß, als eine um Standhaftigkeit bemühte Dicke vom kalorienarmen Pfad der Tugend abzubringen: «Nimm doch wenigstens ein kleines Stückchen...» Vor allem aus diesem Grund – sie will ja nicht unhöflich sein! – hat die Diät-Expertin es noch nie geschafft, eine Diät mal ganz nach Vorschrift zu Ende zu bringen. Und so ist es freilich auch nicht allein ihre Schuld, wenn sie immer wieder von vorne anfangen muß.

Gerade kauft sie für die nächste, und zwar – wie wir wissen – allerallerneueste Diät ein: ein Päckchen Leinsamen, zwei Scheiben Halbfettkäse, eine mittelgroße Salatgurke und drei Flaschen natriumarmes Mineralwasser. Und sonst wäre sie Ihnen auch nicht aufgefallen, oder? Unter uns: Auch wenn Sie es – rein zufällig – mit einem attraktiven Exemplar der Gattung Diät-Frau zu tun bekommen sollten; suchen Sie schnell das Weite. Denn ihre Aufs und Abs mitmachen zu müssen, würde bald schon Ihr Nervenkostüm zerrütten – und Ihren Magen um mehrere Geschwüre bereichern.

Die schönsten Stunden des Tages: Die Freizeit-Frauen

Abschließend wollen wir uns noch einigen Frauen zuwenden, die im Alltag völlig unauffällig erscheinen mögen – und sich doch durch ein eigentümliches Freizeitverhalten auszeichnen.

Die Interessen dieser Frauen sind nicht – wie die der anderen hier näher begutachteten Exemplare der verschiedenen Gattungen – mehr oder weniger breit gestreut, sondern auf ein einziges Gebiet konzentriert. Das bedeutet für uns vor allem, daß diese Frauen auch nur an bestimmten Orten anzutreffen sind. Die Körperbewußte zum Beispiel ist außerhalb des Sportstudios kaum je zu sehen. Und wenn, dann ist sie nicht auf Anhieb als eine Frau zu erkennen, die ihren Körper quält und ihre Muskeln stählt. Ganz ähnlich ist es mit der Lokalgröße. Hier könnte man zwar die meist sehr fahle Haut als Hinweis auf einen meist in stickiger Luft verbrachten Feierabend deuten, aber zweifelsfrei ist die Lokalgröße damit noch lange nicht identifiziert.

Lediglich beim Doppelten Lottchen ist dem geübten Beobachter nach kurzer Zeit schon klar, daß es sich um ein solches handelt: Charakteristisch ist der praktisch nie vorkommende Alleingang. Anders gesagt: Diese zwei besonderen Freundinnen erkennt Mann daran, daß sie in ihrem Umgang miteinander wie ein eingespieltes Team wirken. Dafür aber hat das Doppelte Lottchen auch keinen bevorzugten Aufenthaltsort. Das Revier wechselt mit der Stimmung und den vorherrschenden Interessen, die – wie wir noch sehen werden – immer im Dienste eines alles bestimmenden Ziels stehen.

Genügt es bei den Körperbewußten und den Lokalgrößen, sich an entsprechenden Orten zu postieren, ist beim Doppelten

Lottchen etwas Geschick im unauffälligen Folgen vonnöten. Aber das haben Sie ja im Laufe Ihrer bisherigen Untersuchungen sicher erworben.

Eitelkeit quält sich: Die Körperbewußte

Der Körperbewußten werden Sie nicht im Kino, nicht im Theater, kaum in der Kneipe und höchstens dann auf der Straße begegnen, wenn sie auf dem Weg vom Büro ins Sportstudio ist. Die Körperbewußte führt ein relativ zurückgezogenes Leben, auch wenn sie keineswegs häuslich zu nennen ist. Das Sportstudio, auch Fitness-Center, Bodybuilding-Club oder – auf neudeutsch! – schlicht «Gym» geheißen, ist der eigentliche Lebensraum der Körperbewußten. Ihre Wohnung betritt sie nur noch im Zustand bleierner Bettschwere, weshalb sich da auch die Anzeichen von Vernachlässigung, um nicht zu sagen Verwahrlosung, mehren. Daß die Fenster mal wieder geputzt werden müßten, kann ihr gar nicht auffallen, denn sie kommt immer erst nach Hause, wenn das Sportstudio schließt: nach 22 Uhr. Unter der Woche hat sie ohnehin keine Zeit, sonntags putzt frau keine Fenster – ganz davon abgesehen, daß sie auch sonntags keine Zeit hätte. Denn sonntags muß sie ihre Sportsachen waschen und das unvermeidliche Minimum an Sozialkontakten pflegen: ihre Eltern anrufen, sich eine halbe Stunde für die ehemals beste Freundin nehmen, einmal im halben Jahr ihr Patenkind besuchen...

Die Körperbewußte war nicht schon immer körperbewußt. Vor ein paar Jahren wäre sie allenfalls durch ihre ausgesprochen schlechte, untrainierte Haltung aufgefallen. Zu Schulzeiten haßte sie den muffigen Turnhallengeruch und schützte, so oft es eben ging, Frauenleiden vor, um sich dem Sportunterricht zu entziehen. Ja, früher mied sie regelrecht jede Form der Bewegung, haßte es, ins Schwitzen zu kommen. Der erste Anfall von Körperbewußtsein stellte sich ein, als die Aerobic-Welle ins Land schwappte. Damals, als sie im fahlen Licht einer Umkleidekabine einen Bikini anprobierte, mußte sie in einer Aufwallung von Selbstkritik feststellen, daß sie entweder den ganzen

Sommer lang den Bauch würde einziehen müssen – oder besser gleich einen einteiligen Badeanzug kaufen würde. Dabei war sie noch nicht einmal dick, nur schlaff und untrainiert. Und dagegen versprach Aerobic Abhilfe. Was heißt Abhilfe; geradezu sensationelle Erfolge wurden vermeldet: schmelzende Pölsterchen, straffe Oberschenkel, stahlharte Bauchmuskeln und eine Bombenkondition, das war, allen einschlägigen Frauenzeitschriften zufolge, der reiche Lohn für ein kleines bißchen Mühe einmal in der Woche.

Um sich zu motivieren, kaufte sie sich gleich einen dieser Anzüge, die überall als unentbehrliches Zubehör gepriesen wurden. Das gute Stück war zwar sehr kleidsam, aber nicht gerade billig. Und allein mit dem Anzug war's nicht getan. Ein paar Spezialschuhe, um die Gelenke zu schonen, ein Stirnband, um die Pony-Fransen zu bändigen, zwei Schweißbänder für die Handgelenke und ein Gürtel (wozu war der eigentlich gut?) verteuerten die Angelegenheit ziemlich, so daß die Kursgebühr für die ersten zehn Stunden kaum ins Gewicht fiel. Aber all das war sie sich wert. Nach der ersten Stunde, in der eine gutgebaute Sportstudentin einer Meute mehr mehr als weniger schlaffer Damen kräftig eingeheizt hatte, konnte sie sich drei Tage lang kaum bewegen, und gerade als der Muskelkater halbwegs überstanden war, war auch die Woche herum, und die nächste Stunde stand bevor. Doch tapfer hielt sie durch, ja, besuchte noch einen zweiten Kurs, unerschütterlich in ihrem Glauben, bis zum Sommerurlaub enorm in Form zu sein – und vor allem: rundherum gut auszusehen. Sie wurde auch tatsächlich etwas fitter, aber die Röllchen um die Mitte herum wollten nicht verschwinden. So konsultierte sie die Übungsleiterin, die einen unverschämt flachen Bauch hatte, und diese Frau vom Fach musterte sie eingehend, fand neben dem Bauch auch Schultern und Oberarme verbesserungswürdig und empfahl Krafttraining.

So buchte sie ihr erstes Abonnement im Bodybuilding-Studio. Anfangs genierte sie sich ihrer unbeholfenen Versuche an den Maschinen – doch bald stellte sie fest, daß sich hier ohnehin jeder nur selbst beobachtete. Und langsam begann sie, sich in dieser von unverhohlenem Narzißmus knisternden Atmosphäre wohl zu fühlen. Sie konnte erste Erfolge feststellen, ging mit immer besserer Laune – und immer später – aus dem Studio nach Hause. Glaubte sie anfangs noch, im «Studio» bzw. «Center» bzw. «Club» vielleicht jemanden kennenzulernen (natürlich nicht irgend jemanden!), so hat sie das inzwischen abgelegt. Sie ist sich selbst genug. Und die Sache an sich ist ihr wertvoll: Die Einrichtung des Studios hat nichts mit der Turnhalle ihrer Kindheit gemein, nur der Mief riecht ähnlich. Die Spiegel an allen Wänden, die chromblitzenden Maschinen, die farbenfrohen Sportklamotten und die gestählten, gebräunten, geölten Körper – in dieser Umgebung kann sie sich richtig wohl fühlen. Andere Freizeitbeschäftigungen hat sie nach und nach eingestellt – und nach und nach und nach hat sie sich gar eingestanden, daß es für dieses Bedürfnis, jeden einzelnen Muskel sechsmal in der Woche auszubilden, nur noch ein Wort gibt: Sucht. Daß ihr Körper tatsächlich morphinähnliche Stoffe produziert, während sie sich quält, und daß diese sogenannten Endorphine für ihre euphorische Stimmung verantwortlich sind, hat sie ebenso gelernt wie den Mineralverlust ihres Körpers durch spezielle Fitness-Cocktails auszugleichen. Die trinkt sie an der Bar des Studios, wenn sie sich zwischen den Übungen eine kurze Pause gönnt. Da kommt sie auch mit ihren Mitstreitern ins Gespräch, und da alle vom selben Ehrgeiz besessen sind, ergeben sich die Themen wie von selbst: welches Muskel-Fluid das beste ist oder ob Radeln oder Joggen sich besser zum Aufwärmen eignet. Dafür braucht frau das Studio selbstverständlich nicht zu verlassen; geradelt wird auf dem elektronischen Trainer, gejoggt auf dem Laufband. Beim Radeln kann frau gleich auch die neuesten Bodybuilding-Zeitschriften durchblättern und beim Joggen vermittelt ein Bildschirm die Illusion von Fortbewegung. Zwar könnte die Körperbewußte auf dem Heimtrainer auch einen Blick in die Tageszeitung werfen, aber da sie von ihrer Heimatstadt ohnehin nur noch den Ausschnitt sieht, der zwischen ihrem Büro, ihrer Wohnung und ihrem Studio liegt, da sie schon ewig nicht mehr im Kino, Theater oder Konzert war, da sie gar keine Zeit hätte, sich irgendeine Ausstellung anzusehen, braucht sie auch eigentlich keine Zeitung zu lesen!

Ihr Freundeskreis hat sich völlig verändert, seit sie jeden Abend im Studio ist. Ihre Bekannten haben es aufgegeben, sie zum Essen einzuladen, seit sie mehrmals erst zum Dessert auftauchte, frisch aus der Sauna und mit einem fiebrig glänzenden Blick – und so müde, daß ihr fast der Löffel aus der Hand gefallen wäre. Ihre beste Freundin hat sich zurückgezogen, weil sie nicht mitreden konnte über einen neuen Iso-Drink. Und der Freund, den sie damals, als sie anfing, noch hatte, hat sich irgendwann nach einer neuen Freundin umgesehen, die zwar einen vielleicht nicht ganz so makellosen Körper, dafür aber mehr Zeit hat – und vor allem keine Bemerkungen macht über die zwei Zentimeter Speck auf seinen Hüften.

Die Körperbewußte sieht jetzt wirklich toll aus! Findet sie jedenfalls selbst – und das ist die Hauptsache! Sich jeden Abend zwei Stunden im Spiegel zu betrachten hat zweifellos Auswirkungen auf das Selbstbild. Sie hat sich eine sehr gerade Haltung antrainiert, macht feste, kraftvollle, selbstbewußte Schritte, betont ihre Schultern mit Polstern und trägt nur noch eine ganz bestimmte Sorte Unterhosen, damit nicht eine sichtbare Slip-Linie die Aura ihres knackigen Pos verdirbt. Ihre Streicheleinheiten holt sie sich bei der Massage, die sie einfach braucht, damit sich ihre Muskeln nach dem Trainig wieder lockern. Samstags besucht sie das Studio, um in die Sauna zu gehen, die ihr als Club-Mitglied kostenlos zur Verfügung steht, und dank Sonnenbank sieht sie immer aus wie frisch aus dem Urlaub zurück.

Apropos Urlaub: Im ersten Jahr ihrer Sportbegeisterung war sie auf Ibiza, um ihre gestrafften Formen ganz stolz in einem sehr knappen Bikini vorzuführen. Das böse Erwachen kam, als sie nach drei Wochen Faulsein am Strand und langen Nächten in der Disco wieder mit dem Training begann. Mörderischer Muskelkater – wie ganz zu Beginn ihres Körperertüchtigungsvorhabens – war die Strafe für drei Wochen Abwesenheit vom Studio. Damit ihr solches nicht mehr passiert, macht sie Urlaub nur noch an Orten, wo garantiert ein Fitness-Center zu ihrer freien Verfügung steht. Daß sie seitdem von ihrem Urlaubsort fast nichts mehr sieht, stört sie kein bißchen: erstens bleibt sie so fit und knackig, zweitens wäre sie nach vier Stunden Training ohnehin viel zu müde für irgendwelche Besichtigungstouren.

Außer ihren Abenden im Sportstudio hat sie eigentlich nur noch ein Hobby: Samstags geht sie gern einkaufen. Aber sie schlendert nicht ziellos durch die Boutiquen, sondern steuert gezielt die Sportgeschäfte an. Dort will sie wissen, was es Neues an Zubehör für ihre Leidenschaft gibt: Hanteln für zu Hause, ein Gerät zum Rudern auf weniger als einem Quadratmeter, eine neuentwickelte Minerallösung – und vor allem: immer wieder neue Outfits. Anfangs hat sie ja noch ihren alten, verbeulten Trainingsanzug angezogen, wenn ihr Aerobic-Dress in der Wäsche war. Der Trainingsanzug war zwar bequem, aber bald mochte sie ihn irgendwie nicht mehr leiden. Und ihr wurde auch klar, warum: Er verhüllte ihre Figur, verdeckte gnädig alle Mängel und war so weit, daß ein Kilo mehr oder weniger darin gar nicht auffiel. Genau diese Eigenschaften hatte sie früher an diesem unförmigen Ding geschätzt. Doch inzwischen kann sie sich ganz anderes leisten. Und jeder neue Sport-Dress bringt ihre neu erworbenen körperlichen Vorzüge noch ein wenig vorteilhafter zur Geltung. Inzwischen interessiert sie sich auch nicht mehr so für Mode; dafür informiert sie sich – radelnderweise beim Aufwärmen – in den Fachzeitschriften, was es so an Bodysuits, Leotards, Boxerhemdchen, Ringeranzügen, Tops und Shorts und Overknees Neues gibt. Freilich wechseln jede Saison die Modefarben! Unvorstellbar, daß sie den ganzen vorletzten Winter diese neongrün-schwarze Kombination getragen hat. Die findet sie heute einfach geschmacklos.

Werter Leser, wir haben Sie gewarnt. Wir haben hier ein getreuliches Bild einer neuen Generation körperbewußter, um nicht zu sagen selbstverliebt-narzißtischer Frauen gezeichnet. Sollten Sie das Bedürfnis verspüren, ein solches Exemplar in Fleisch und Blut kennenzulernen, so bleibt Ihnen nicht erspart, sich in einem Sportstudio anzumelden. Da werden Sie erst einmal einige Zeit und Energie der Formung Ihrer Figur widmen müssen denn ehrlich: Können Sie von sich behaupten, in Bestform zu sein? Die Körperbewußte, die sich ja zunächst nur für den eigenen Körper interessiert, wird Sie keines Blickes würdigen, wenn Ihr Körper nicht ein wirkliches Vorzeigeexemplar ist. Wenn Sie also willensstark genug sind, ein halbes Jahr in das Schaffen der Voraussetzungen einer möglichen Begegnung mit einer wahrhaft Körperbewußten zu investieren, nun, wir wollen Sie daran nicht hindern.

Der schönste Platz ist an der Theke: Die Lokalgröße

Gehen Sie abends gern noch auf ein Bierchen in Ihre Stammkneipe?

Dann hatten Sie sicher schon Gelegenheit, die Lokalgröße zu beobachten: Diese ist – in aller Regel – eine nicht mehr ganz so junge Frau, die meist allein kommt, aber nicht immer allein geht – und in der Zeit ihrer Anwesenheit in der Kneipe Mittelpunkt eines Grüppchens am Tresen ist.

Diese Beschreibung paßt auf eine prototypische Vertreterin der Lokalgröße, aber es gibt auch eine Reihe von weniger eindeutig einzuordnenden Exemplaren. Doch bleiben wir zunächst einmal beim Prototyp dieser Gattung: Meist handelt es sich dabei um eine eher burschikos auftretende Person. Ob da die Umgebung abgefärbt hat – die Kneipentheke ist nun nicht gerade eine Domäne der Frauen! – oder ob sie sich umgekehrt ein zu ihrem Typ passendes Ambiente ausgesucht hat... das läßt sich nicht eindeutig beantworten – sagen wir, es ist wechselwirkend.

Die Lokalgröße kommt nicht eigentlich in die Kneipe, um zu flirten, jedenfalls nicht im herkömmlichen Sinn, demzufolge nämlich ein Flirt «ein Spiel mit dem Feuer mit ungewissem Ausgang» ist – was die Sache ja gerade so spannend macht. Die Lokalgröße ist für solche Subtilitäten nicht zu haben. Ihr Motto lautet: «Was immer es zu sagen gibt, es läßt sich klar und deutlich ausdrücken.» Wozu nun hat sie etwas zu sagen? An erster Stelle – Mann, höre und staune! – steht der Sport, und zwar nicht etwa die traditionell weiblichen Disziplinen wie Eiskunstlauf und Kunstturnen, sondern Fußball, Tennis, Eishockey, ja, wenn's sein muß, gar Thai-Boxen. Eben alles, worüber die Boulevardpresse in einfachen und klaren (siehe oben) Worten berichtet. Da kann sie sicher sein, nicht nur kundige Zuhörer, sondern auch informierte Mitredner zu haben. Und was gibt es schon Schöneres, als mit steigendem Bierkonsum immer genauer zu wissen, wie man es hätte besser machen können beim letzten Bundesligaspiel, sich immer einiger zu sein? Sehr beliebt allerdings sind auch Debatten zum Thema «Wenn ich der Trainer von Boris wär...».

Die Lokalgröße ist eine singuläre Erscheinung insofern, als sie kein weiteres weibliches Wesen neben sich an der Theke duldet, jedenfalls keine Frau ohne Begleitung. «Anhängsel» nimmt sie recht gleichmütig hin, die haben meist sowieso nichts zu sagen, sondern sind hauptsächlich für den Heimtransport des dazugehörigen Mannes zuständig – und nippen entsprechend den ganzen Abend an einer Cola. Aber am liebsten ist es der Lokalgröße doch, wenn überhaupt keine Frauen in der Nähe sind. Auch wenn sie es niemals zugeben würde, so betrachtet sie die Theke doch als ihr Revier und jedes eindringende Weibchen als Rivalin. Außerdem kann es sowieso kaum eine mit ihr aufnehmen: Welche Frau studiert schon den Sportteil der *Bildzeitung* so gründlich, wie sie es tut? Und die Lokalgröße weiß, daß das die Jungs zu schätzen wissen! Die kennen den Unterschied!

Apropos «Jungs»: Die Lokalgröße war in ihrer Kindheit meist das einzige Mädchen in der Klasse, so daß sie mit den Jungs Fußball spielen durfte – ja, einmal nannte sie einer sogar «die Kumpelin», und noch heute wird ihr warm ums Herz, wenn sie daran zurückdenkt. Schon damals beruhte ihr Erfolg beim anderen Geschlecht darauf, daß sie so ganz und gar keine weiblichen Eigenheiten und Allüren hatte (wobei «Erfolg» hier solche Privilegien wie Fußballspielen, Skat dreschen und heimlich Rauchen meint, eben Tätigkeiten, zu denen außer ihr keine andere zugelassen war). Skatspielen kann sie heute noch, und zwar wie ein gestandenes Mannsbild, Rauchen tut sie sowieso, keine Frage, gern auch mal eine ohne Filter – nur mit dem Fußballspielen hat sie es nicht mehr so wie ehedem. Ihre Jungs tun sich zwar manchmal zu einer Thekenmannschaft zusammen, aber da besteht ihr Beitrag eher in moralischer Unterstützung denn im aktiven Mitmachen.

Die Lokalgröße ist – und das sichert ihr immer wieder die aufrichtige Bewunderung der Männer – ziemlich trinkfest. Sie meidet zwar die harten Sachen, aber bei Bier (regional auch Apfelwein) hält sie wacker mit. Zu ihrem Leidwesen aber beginnt man ihr das anzusehen. Nach langen Jahren des Thekenstehens beginnt sich bei ihr ein ziemlich männlich anmutender Bierbauch abzuzeichnen. So stolz sie ansonsten auf ihr eher männliches Erscheinungsbild ist (noch nie hat jemand sie im Rock gesehen!), das mit der Wampe ist eine Entwicklung, die ihr gar nicht gefällt. Sie tröstet sich damit, daß ihre Kumpels auch nicht jünger werden – und daß es letztlich kein bißchen aufs Aussehen ankommt, sondern auf den Charakter.

Gelegentlich, wenn ein neuer Mann in der Runde auftaucht, läuft sie zu ganz großer Form auf. Da lockert ihr der Alkohol die Zunge mehr als sonst und sie sprüht nur noch so vor Schlagfertigkeit und Witz. Sollte dieser Neue glauben, er bräuchte sie nicht für voll zu nehmen, weil sie eine Frau ist – na, dem wird sie's zeigen! Was die Kerls können, das kann sie schon lange, und ihre Zoten sind immer noch ein bißchen zotiger als die ihrer Kumpane. Meist geht ihre Strategie auf, und es dauert nur wenige Abende, bis sie mit dem Neuen zusammen die Kneipe verläßt. Und da sie aus Erfahrung weiß, daß ein Zuviel an Bier der Manneskraft nicht unbedingt förderlich ist, hält sie sich an dem Abend mit dem Trinken etwas zurück, hat aber ein Auge darauf, daß ihr Herausforderer (denn als solchen empfindet sie jeden, der in ihrem Revier wie ein Platzhirsch auftritt!) ordentlich was schluckt. Ist der Abend dann fortgeschritten und stellt er die berühmte Frage «Zu dir oder zu mir?», weiß sie schon vorher, wie es ausgehen wird: Sie wird wieder mal ihre Überzeugung bestätigt finden, daß mit den Männern nicht mehr viel los ist, und wird ihm, bevor es zum Desaster kommt, großmütig ihren Verzicht auf den Rest des Abends anbieten. Denn im Grunde ihres Herzens weiß sie, daß sie mit Männern außer Trinken nicht viel anfangen kann.

Bleibt noch nachzutragen, wie die Lokalgröße wohnt: In aller Regel hat sie keinen Sinn für gepflegte Häuslichkeit. Meist bewohnt sie ein nicht eben großzügig geschnittenes Ein-Zimmer-Appartement in der Nähe ihrer Stammkneipe, dessen Einrichtung sich auf eine Schlafcouch, einen Fernseher und ein paar Kleinigkeiten beschränkt. Einen Eßtisch hat sie nicht, und an Bücherregalen reichen ihr die zwei Bretter in der Mitte ihrer Schrankwand. Daß die Rauhfasertapete vom Rauchen ziemlich vergilbt ist, fällt ihr kaum auf, denn wann ist sie schon mal bei Tageslicht in ihrer Wohnung? Ihr eigentliches Zuhause ist ihre Kneipe um die Ecke.

Es gibt noch einen anderen Typ kneipenerprobter Frauen, der

mit dem ersten nicht viel gemeinsam hat – außer der Angewohnheit, die Abende, wenn auch nicht in vergleichbarer Regelmäßigkeit, im Stammlokal zu verbringen. Dieses Exemplar der Gattung Kneipen-Frau ist am treffendsten mit dem Ausdruck «Sporadische Barhockerin» zu beschreiben: Sie geht nicht in «ihre» Kneipe, um «ihre» Clique zu treffen – so etwas hat sie nicht. Ihr ist der Tresen ein Zufluchtsort bei kleinen und größeren Lebenskrisen, und entsprechend muß sie ihn nicht täglich aufsuchen. Es gibt mitunter lange Phasen, während derer sie gar nicht in der Kneipe auftaucht. Dann ist sie in aller Regel frisch und glücklich verliebt. Doch da auch die hoffnungsvollste Romanze mal ein Ende hat, kann man ziemlich sicher sein, daß auf eine solche Phase der Abwesenheit meist eine Phase recht regelmäßiger Kneipenbesuche folgen wird. Zu diesen Zeiten braucht sie den mitfühlenden Blick des Wirts, der ihr regelmäßig und mit einem Anflug eines verständnisvollen Lächelns das Glas auffüllt – und somit wortlos zu verstehen gibt, daß er ihren Kummer nachfühlen kann. Nach einer Weile des stillen Trostes dieser Sorte taut sie dann auf, vertraut ihm den genauen Vorgang ihres gerade überstandenen Unglücks an und fühlt sich bestätigt in ihrer pessimistischen Weltsicht, wenn er zu ihren Pauschalverurteilungen der Männer welterfahren-wissend nickt. Langsam erholt sie sich von ihrem Liebeskummer, und daß sie über den Berg ist, erkennt man dann daran, daß sie eines Abends nicht mehr gesenkten Hauptes über ihrem Glas brütet, sondern aufmerksam beobachtet, wer da so links und rechts neben ihr sitzt.

Im Gegensatz zu ihrer hartgesottenen Kneipenschwester, der Lokalgröße, beherrscht sie die Kunst des Flirtens ziemlich gut – und ihr Nebenmann, falls er nicht völlig besoffen oder von Haus aus stumpf ist, wird ihr mit Vergnügen einen Drink ausgeben oder zwei, um mit ihr anzustoßen und zu plaudern. Im Gespräch stellt sie fest, daß dieser Typ so übel gar nicht ist. Vor allem versucht er nicht, ihr dauernd Witze zu erzählen, die sie schon längst kennt, und zum Abschied sagt er «Bis bald!». Man trifft sich noch ein paarmal an der Theke… und dann folgt – eben! – wieder eine längere Zeit, da man sie in der Kneipe nicht zu sehen bekommt: Sie verbringt die Abende nun mit ihrem neuen Herzbuben in ihrer gemütlichen Wohnung, die im Grunde schon für zwei eingerichtet ist. Sie entwickelt beachtliche hausfrauliche Qualitäten, zaubert kleine, feine Menüs für zwei – und fragt sich manchmal, wie sie es nur die ganze Zeit allein ausgehalten hat... bis sie dann – eines unschönen Abends – wieder Grund hat, in die Kneipe zu gehen, mit verheulten Augen ein Bier zu bestellen und auf das Mitgefühl des Mannes hinter dem Tresen zu vertrauen – des einzigen Mannes, der sie wirklich versteht.

Interessieren Sie sich für den Typus Lokalgröße und/oder ihre kleine Schwester, der sporadischen Barhockerin? Na also!

Gemeinsam auf Beutezug: Das Doppelte Lottchen

Zum Abschluß unseres Führers durch die Frauenwelt muß noch eine Besonderheit vorgestellt werden, die nicht deswegen besonders ist, weil sie so selten vorkommt, sondern weil es ein entsprechendes Phänomen in der Männerwelt nicht gibt: das Doppelte Lottchen. Diese Bezeichnung ist durchaus treffend für Frauen, die grundsätzlich im Duo auftreten. Sie führt jedoch ein wenig in die Irre insofern, als Mann sich darunter nicht zwei besonders ähnliche, sondern meist sehr gegensätzliche Frauen vorzustellen hat.

Das Doppelte Lottchen kommt selten allein: Beste Freundinnen hängen wie die Kletten zusammen – jedenfalls solange wie sie einander beste Freundinnen sind. Denn dieses Verhältnis hat nicht nur, während es Bestand hat, Ähnlichkeit mit einer Ehe, sondern auch im Ende werden die Parallelen deutlich: Da wird schmutzigste Wäsche gewaschen in aller Öffentlichkeit, wüste Verwünschungen werden ausgestoßen und der Kontakt wird unwiderruflich abgebrochen.

Doch fangen wir nicht beim Ende, sondern am Anfang an: Das Doppelte Lottchen findet sich meist in einer Situation, in der sich die beiden beteiligten Frauen häufig begegnen: an der Uni, am Arbeitsplatz, oft schon in der Schule. Gelegentlich sind sie auch Nachbarinnen, die sich die öde Hausarbeit dadurch versüßen, daß die eine der anderen beim Bügeln Gesellschaft leistet und sie mit den Neuigkeiten vom Tage unterhält. Damit sind wir bei einem Wesensmerkmal des Doppelten Lottchens: Die beiden Hälften haben sich unendlich viel zu sagen. Selbst nach einem gemeinsam am Arbeitsplatz verbrachten Tag gibt es oft noch genügend Gesprächsstoff für ein langes Telefonat am Feierabend. Da werden gemeinsame Bekannte durchgehechelt mit einer Gründlichkeit, die jeden professionellen Seelenzerfiesler vor Neid erblassen lassen würde. Aber auch Kochrezepte und Haushaltstricks werden am Telefon gern weitergegeben. Modische Fragen allerdings können fernmündlich nur theoretisch erörtert werden. Deshalb auch geht das Doppelte Lottchen so gern einkaufen. Eine der beiden braucht immer mal etwas zum Anziehen – und die andere zieht mit durch die Boutiquen und Kaufhäuser und gibt hilfreiche Tips. Oft haben beste Freundinnen die gleiche Konfektionsgröße und leihen sich gegenseitig ihre Garderobe aus, was die Möglichkeiten der textilen Selbstdarstellung beträchtlich erhöht.

Trotzdem achten beste Freundinnen sehr darauf, nicht miteinander verwechselt zu werden: So sehr sie ihre Gemeinsamkeiten pflegen, jede will doch als Individuum wahrgenommen werden – vor allem von den Männern. Und damit kommen wir auch zu dem Thema, das beste Freundinnen Tag und Nacht beschäftigt. Meist sind die Hälften eines weiblichen Duos nämlich zu haben (getrennt, versteht sich). Nicht selten tun sich zwei Frauen zusammen, um gemeinsam den Geheimnissen der Männerwelt auf die Spur zu kommen. Oft haben beide den ersten Frust auf diesem Gebiet schon hinter sich, und vielleicht finden sie sich gerade deswegen, weil ihre Klagen über das undurchsichtige Verhalten der Männer bei der jeweils anderen auf soviel Verständnis stoßen. Haben sie sich gegenseitig getröstet und das Selbstbewußtsein wieder aufgerichtet, ziehen sie zusammen auf die Piste und schauen sich um, was an Männern für eine zukünftige Romanze in Frage kommt. Dabei erweist sich dann, ob die Freundschaft des Doppelten Lottchens Bestand haben kann – oder zum baldigen Scheitern verurteilt ist. Sollte sich nämlich herausstellen, daß die beiden besten Freundinnen nicht nur in Modefragen denselben Geschmack haben, sondern sich auch in punkto Männer für denselben Typ begeistern, dann kommt es – über kurz oder lang – zu erbitterten und verbitternden Rivalitäten. Aber

John and Lady Jane!!

meist werden solche Fragen schon zu Beginn einer solchen Frauenfreundschaft geklärt. (Das Lottchen kennt sich da inzwischen ganz gut aus.)

Sind sie erst entschlossen, es noch einmal mit den Männern zu probieren, begeben sie sich gemeinsam auf Beutezug – und unterziehen mögliche Opfer einer gründlichen Prüfung. Das Doppelte Lottchen belagert in einem Lokal gern einen Tisch, von dem aus sich das gesamte Angebot mühelos überblicken läßt. Da sitzen dann die besten Freundinnen, schlürfen ihre Drinks und mustern durch, was sich an Männern ihren Blicken so bietet. Gefällt ihnen einer, so stecken sie die Köpfe zusammen und tuscheln und kichern auf eine überaus teenagerartige Weise (auch wenn sie schon Ende Zwanzig / Anfang Dreißig sind). Solches Verhalten wird natürlich von alleinstehenden Männern, vor allem von solchen, die diesen Zustand (und sei es nur vorübergehend) beenden wollen, aufmerksam registriert. Faßt sich einer ein Herz, kommt an ihren Tisch und fragt, ob bei ihnen noch ein Platz frei ist, müssen sich (so wollen es die Spielregeln!) die besten Freundinnen erst einen vielsagenden Blick zuwerfen, bevor beide einladend lächeln. Auch wenn sie sich längst schon entschieden haben, welche von beiden geneigt wäre, ihm ihre Gunst zu erweisen, spielen sie zunächst einmal das Spiel, das ihrem Namen alle Ehre macht. Mögen sie noch so verschieden aussehen, benehmen tun sie sich wie Zwillingsschwestern: Fängt eine einen Satz an, so vollendet ihn die andere – mit großer Selbstverständlichkeit. Richtet der Herr eine Frage an die eine, antwortet (mit unangestrengter Eleganz) die andere für ihre Freundin. Und irgendwann gehen sie sich die Nase pudern – gemeinsam!

Kaum den Blicken des Bewunderers entzogen, berichten sie ihre Beobachtungen und Analysen und vergleichen – überaus schnell, weil geübt – ihren Eindruck vom Bewerber. Kommen sie zu dem Schluß, daß er eine von ihnen ein klein wenig bevorzugt, und trifft sich das mit deren Vorstellungen ihres zukünftigen (wenn auch nur kurz- bis mittelfristigen) Begleiters, dann gehen sie zum strategischen Teil des Abends über: Die «Auserwählte» darf sich jetzt in den Mittelpunkt und ihre vielen Vorzüge ins rechte Rampenlicht rücken. Zeigt der Mann fürderhin Interesse,

«Eine Büchersammlung…

dann wird die beste Freundin das potentielle Paar gleichwohl nicht allein lassen: Am ersten Abend wäre das viel zu früh! (Was denken Sie denn?!) Außerdem kommt der Höhepunkt des Abends ja erst noch: Das genüßliche Diskutieren aller Einzelheiten und Eigenarten des Kandidaten! Das weitere Vorgehen muß in allen Details geplant, die Tauglichkeit des jungen Mannes muß erprobt werden – und all das machen die allerbesten Freundinnen selbstverständlich gemeinsam. Zwar haben sie keine konkrete Verabredung für ein nächstes Treffen getroffen, aber sie haben deutlich genug darauf hingewiesen, daß es zu ihren Gewohnheiten gehört, dieses Lokal jede Woche zur selben Zeit aufzusuchen. Geschickt ist das; denn nicht nur testen sie damit das Interesse wie auch die Intelligenz des potentiellen Lovers – so haben sie auch sieben volle Tage Zeit, diese nächste Begegnung vorzubereiten.

Zu diesem Behuf müssen sorgfältige Überlegungen bezüglich dessen angestellt werden, was sie anziehen, welcher Lippenstift dazu paßt und ob ein Friseurbesuch ratsam ist. Für ein drittes Treffen ist ein gemeinsamer Kinobesuch ins Auge zu fassen, und danach wäre es geschickt, wenn die weniger interessierte Freundin ein Abendessen für drei kocht – bei sich, denn das gibt dem jungen Mann Gelegenheit, ihre Freundin später am Abend nach Hause zu bringen.

Mal angenommen, alles verläuft wie geplant! Dann wird die «unbemannte» Hälfte des Duos feststellen, daß ihre Freundin zwar nach wie vor dauernd anruft, um über neueste Entwicklungen pflichtgetreu Bericht zu erstatten, daß sie aber lange schon nicht mehr jeden Abend Zeit hat, um gemeinsam etwas zu unternehmen. Vielleicht hat ihr neuer Liebhaber ihr zu verstehen gegeben, daß er die Freundin zwar schätzt, sie gleichwohl nicht immer dabeihaben will, wenn sie sich treffen? Vielleicht hat aber auch die inzwischen «bemannte» Frau festgestellt, daß ihr das häufige Zusammensein mit der Freundin doch ein bißchen zuviel wird. Wie auch immer: Die Doppeltes-Lottchen-Beziehung ist am Rande einer großen Krise, deren Ausgang unbestimmbar ist!

Entweder zieht sich die «verlassene» Hälfte des Ex-Duos jetzt diskret zurück, wohlwissend, daß die heiße Phase einer jungen

Liebe irgendwann zu Ende ist – und ihre Freundin dann äußerst dringend auf sie angewiesen sein wird, um die völlig unvermutet aufgetauchten Macken des Mannes zu besprechen. Oder aber sie zieht sich gekränkt zurück, zutiefst beleidigt darüber, daß so ein hergelaufenes Mannsbild bei ihrer einst besten Freundin höher im Kurs steht als sie selbst. Das ist der Zeitpunkt, wo sie auf den kleinsten Anlaß wartet, um sich im Streit (einerlei, um was) von ihrer ehemals anderen Hälfte zu trennen. Sie wird dann – nach meist wortreich und lautstark oder aber völlig wortlos durchgeführter Trennung – Ausschau halten nach einer neuen Freundin, mit der sie erneut (diesmal mit noch mehr Erfahrung) eine Doppeltes-Lottchen-Beziehung aufbauen kann.

Es gibt aber noch die dritte Möglichkeit, den unbefriedigenden Zustand, drittes Rad am Roller zu sein, zu beenden: Sie überlegt – und zwar gemeinsam mit ihrer Freundin –, daß sie sich jetzt auch am besten einen Freund sucht. Die andere spricht dann das Problem bei ihrem Freund an, ganz diskret, versteht sich, und fragt ihn, ob in seinem Freundeskreis nicht ein sympathischer junger Mann in ähnlich mißlicher Lage ist wie ihre Freundin. Und ob man / frau da nicht ein bißchen Schicksal spielen könnte. Gesagt, getan! Und irgendeine Unternehmung zu viert wird auf die Beine gestellt … und meist läuft alles wie geölt und am Schnürchen zugleich! Bei etwas gutem Willen sollte es doch auch wirklich möglich sein, das ehemalige Doppelte Lottchen in eine fröhlich gemischte Doppelkopfrunde zu verwandeln – sehr zum Nutzen und Vorteil aller Beteiligten.

Falls Sie, werter Leser, an diesem Punkt angekommen, sich ausrechnen, daß Ihre Chancen bei einer Hälfte der Gattung Doppeltes Lottchen am größten sein könnten, liegen Sie nicht unbedingt falsch. Sie wissen ja jetzt auch, wie in etwa das Spielchen verläuft. Wichtig ist: Achten Sie beim ersten Zusammentreffen sehr darauf, daß Sie sich für die richtige Hälfte entscheiden.

An Stelle eines Nachworts: Ein freundschaftlicher Hinweis

Mein lieber Leser! (Die Leserinnen sind ohnehin schon lange weg, wir sind unter uns!)
Mein lieber Leser, mein lieber Geschlechts- und Leidensgenosse! Nun sind wir doch ein beträchtliches Stück Weges zusammen gegangen – und ich will sehr hoffen, daß ich Dir (Nachdem wir 17 Gattungen der Spezies Frau gemeinsam analysiert haben, bringe ich es einfach nicht mehr fertig, Dich zu siezen!) ein denkbar guter Wegweiser und -führer war in diesem multidimensionalen, wundersam-verwirrenden Labyrinth der weiblichen Flora und Fauna.

Ich weiß, auch nach zu Ende geführter Analyse bleibt das Ganze vorerst noch etwas verwirrend: so viele Typen, so viele Ähnlichkeiten, so viele Unterschiede... ich weiß, wie Du Dich fühlst, lieber Geschlechts- und Leidensgenosse. Darum möchte ich Dir – quasi zum Abschied – noch einen wertvollen Hinweis mit auf den Weg geben: Sorge für Ordnung in Deinem Kopf, sorge für geschulten und geübten Blick, bevor Du Dich aktiv auf die Suche und vielleicht einen großen Fehler machst! Verbringe die nächsten Tage, am besten gar die nächsten Wochen damit, durch Buchhandlungen, Supermärkte, Kneipen, Sportstudios, Cafés usw. zu ziehen, und schärfe Deine Urteilskraft durch rasche Zuordnungen der Exemplare zu den Gattungen: Versuche, möglichst jedes Wesen weiblichen Geschlechts, das Dir irgend über den Lebensweg läuft, nach kurzer, aber durchdringender Musterung nach den Aspekten und Faktoren, die ich Dir auseinandergesetzt habe, zu kategorisieren. Du wirst sehr bald schon eine Neigung feststellen, Mischtypen zu identifizieren (z. B.: ‹körperbewußtes Cosmo-Weibchen mit Tendenz zur Vollwertfrau›). Das ist sehr gut so! Unsere 17 Typen sind die Urtypen, wenn Mann so will: die Archetypen des weiblichen Koordinatensystems – und für uns somit ein unverzichtbares theoretisches Instrumentarium. Die reiche Praxis des Alltags aber bietet nur selten die Urtypen und um so häufiger die Mischtypen. Übe Dich also darin, sie zu erkennen. Im Laufe der Zeit und mit reicherer Erfahrung wirst Du immer schnellere und präzisere Zuordnungen der Mischtypen vornehmen können.

Denn nur so, lieber Freund, nur indem Du Deinen Blick schärfst, so daß er die schillernde Oberfläche zu durchdringen vermag, um in der Tiefe der Wahrheit zu schauen, wirst Du lernen, was Du eigentlich willst. Und wundere Dich nicht, wenn Du zunächst einmal nur erlebst und erfährst, was Du nicht haben willst! Das Prinzip der Subtraktion ist meist das einzige, was dem gescheiten, rational vorgehenden Menschen übrigbleibt: Zuerst muß Mann die Häßlichen und sonstwie Unerträglichen eliminieren, dann die Unangenehmen und die Unerfreulichen aussondern, hernach die wenig Erfreulichen ausklammern und die Langweiligen vermeiden... und nach und nach und nach wird einem klarer, was da eigentlich noch übrigbleibt: eine oder zwei potentielle Partnerinnen, mit denen Mann sich vorstellen könnte, unter Inkaufnahme von Kompromissen, durchgeführten und noch durchzuführenden Abstrichen sowie zugedrückten und noch zuzudrückenden Augen, einen Anfang zu probieren – um zu testen, ob Mann durchhält, was Mann sich da zumutet!

Denn – so ehrlich, realitätsnah und klarsichtig sollte jeder sein, der von diesem Büchlein wirklich profitieren will: Nicht um «die große Liebe auf den ersten Blick» geht es hier – und auch nicht um die (oft zitierte, doch nie definierte) «ideale Partnerin». Neinnein, Kumpels, auf diesem Planeten geht es einem jeden – Männlein und Weiblein – nur, lediglich, einzig und ausschließlich darum, nicht so schrecklich allein zu sein – einen Menschen zu haben, mit dem Mann / frau ein bißchen redet, ein bißchen teilt, ein bißchen streitet... und der / die wie auf Kommando «Ich dich auch!» sagt, wenn Mann / frau ihn / sie mit «Ich liebe dich» adressiert. Das ist alles! Alles andere ist veraltete Hollywood-Romantik, und darauf zu warten, macht schnell alt und depressiv! Und die Grundlage für die Suche nach einem Menschen, neben dem Mann/frau seine/ihre Einsamkeit verwinden könnte, ist keineswegs «Idealität» im Sinne von tiefgreifendem, optimalem Funktionieren auf allen möglichen Gebieten und Ebenen; ach woher! Heutzutage sind alle neurotisch, denn wer heute nicht neurotisch ist, ist nicht normal! Und wenn zwei neurotische Menschen zusammenkommen, dann kann gar nichts «ideal», sondern bestenfalls mehr oder weniger «gut» sein. Entsprechend geht es auch bei all dem Suchen und all dem Finden eben nicht um «Idealität»; es geht – schlicht und einfach und auf gut deutsch im Klartext gesagt – um das Prinzip des kleineren Übels.

Ich weiß, es ist hart; aber es wäre noch härter, es zu ignorieren! Nimm Dir zu Herzen, was ich Dir sage, und sage Dir selbst, daß Du – gemäß dem Prinzip des kleineren Übels, aber entlang der Kenntnisse und Erfahrungen, die Dir durch dieses Büchlein zuteil geworden sind – immer noch versuchen kannst, eine – eben! – annähernd ideale Frau zu finden. Ob Dir das gelingt, Kumpel, ist zwar noch ganz die Frage, aber... sagen wir mal so: Auf diesem Weg mit unklarem Ziel, auf dieser Suche mit ungewissem Ausgang, könntest Du recht viel Spaß haben, Deine Menschenkenntnisse und allgemeine Urteilskraft schärfen und manch ein Geschichtchen erleben, das später – an langen Winterabenden am Kamin erzählt – einiges hermacht. Und das ist doch auch etwas, oder? In diesem Sinne: Mach's sehr gut, Alter, und: Vergißmeinnicht!

Dein
Ahriman Satyri

PS:
Bei «Vergißmeinnicht» fällt mir etwas ein, was *für Dich äußerst wichtig* ist: In Kürze erscheint von mir *«So sind die Männer! – Das hilfreiche Buch der Männertypen»*, ein Büchlein, das ich – ganz ähnlich wie dieses – in den Niederungen menschlichen Seins, der Weg von Verwesung gesäumt, recherchiert und auch ansonsten in jeder Hinsicht *hart erarbeitet* habe, um das Männerbild der modernen Frau ein wenig korrigieren zu helfen, somit die Kommunikation zwischen den Geschlechtern zu entkno-

ten, zu vereinfachen und zu fördern – und letztlich der Erhaltung der Arten, der Evolution und unserem Schöpfer dienlich zu sein! Aber das nur nebenbei.

Worauf ich hinauswollte: Du solltest es – ehrlich! – *auf keinen Fall versäumen*, dies Buch der Männertypen *unbedingt* und *aufmerksam* zu *studieren*, denn es ist *sehr wichtig für Dich* zu wissen, was die Frau, die Du gerade eventuell etwas eingehender studierst, über Dich wissen könnte und wie sie Dich sieht. Denn: Mit einer gewissen Wahrscheinlichkeit hat sie gerade dieses Werk gelesen und übt just im Moment das Einkategorisieren an Dir. Alles klar?

Da mußt Du einfach vorbereitet sein!

Und ich denke, es wird Dir, nach den vorangegangenen Erfahrungen, einfach auch ein großes Bedürfnis sein, Deine Menschenkenntnis zu erweitern, ihr Schliff zu verleihen. Du erlebst ja gerade in aller Intensität, wieviel Dir schon dieses Büchlein gebracht hat.

PPS:
Findest Du nicht auch, daß es eine satte Leistung ist, heutzutage ein ganzes Buch über Frauen, Männer und das sogenannte Zwischenmenschliche zwischen ihnen zu schreiben, ohne auch nur ein Wort über Aids zu verlieren?

Servus
Dein Ahriman